# 向来风花雪月

## 江南情爱笔记

孙昌建◎著

南方日报出版社
NANFANG DAILY PRESS
中国·广州

**图书在版编目（CIP）数据**

向来风花雪月：江南情爱笔记 / 孙昌建著. —广州：南方日报出版社，2007.12
ISBN 978-7-80652-687-3

Ⅰ. 向… Ⅱ. 孙… Ⅲ. 随笔—作品集—中国—当代 Ⅳ. I267. 1

中国版本图书馆 CIP 数据核字（2007）第 170219 号

## 向来风花雪月——江南情爱笔记

著　　者：孙昌建
出版发行：南方日报出版社
地　　址：广州市广州大道中 289 号
电　　话：（020）87373998-8502
经　　销：全国新华书店
印　　刷：湛江日报社印刷厂
开　　本：787mm×1092mm　1/16
印　　张：13. 75
字　　数：280 千字
版　　次：2008 年 1 月第 1 版
印　　次：2008 年 1 月第 1 次印刷
定　　价：25. 00 元

投稿热线：（020）87373998-8503　读者热线：（020）87373998-8502

网址：http://www.nanfangdaily.com.cn/press　http://www.southcn.com/ebook

情人之城，恋爱天堂，有太多的美丽传说，有太多的倾国倾城，当然也有太多的伤心欲绝。我们生于斯，长于斯，萌情于斯，结庐于斯，然后我们在花开花谢，蝴来蝶去中渐渐变老。

# 目录

# 情人之城（代序）





1936年的4月，像每一个人间四月天一样，杭州的空气里充满了荷尔蒙的气息，阳光照在草地上，蜜蜂飞在花丛中。众多的香客来到杭州朝山进香，与满脸皱纹的香客不同，有三对风华正茂的恋人，坐沪杭线来到了钱塘江边的六和塔下，他们是唐纳和蓝苹，赵丹和叶露茜，顾而已和杜小鸥，证婚人是沈均儒。30年之后，他们中有的人上天堂有的人下地狱，有的人则注定寂寂无闻，而有的则像塔上的风铃一样，难得会在风中发出一点声音。

三对电影明星在杭州六和塔下举行婚礼！第二天的报纸上，这消息占据了不少的版面。想想也是，没有谁没有哪个组织要求他们这样做。用今天的眼光来看，他们这样的婚礼多少有点秀的味道，但他们也许是想告诉世人——六和塔下三对恋人的牵手，这本身就是一部精彩电影的开头……

2007年5月19日央视一套播放的《电影传奇》中，赵丹和叶露茜的女儿赵青说，那个时候，即1936年的4月，在父母去杭州六和塔时，她都已经出生一个月了，她是在3月份出生的，而父母到杭州六和塔是来补办婚礼的，正如今天一些老年人说的，现在的新娘子新郎官都已经不新了。然而这是三对电影明星，明星到此一游，至此来一作秀，上海滩的大报小报是少不了要跟踪报道的。

70年过去了，700年过去了，或者说两个700年过去了，阳春三月天，苏小小也应该是穿起超短裙来了，而杭州还依然是一个秀场，是一座恋爱的天堂。

在这座天堂里，在灵隐寺往天竺去的路上，有个地方叫三生石的，简简单单的三块石头，却是代表了“前世、今世、后世”。人站在那里，是特别容易触景生情的，当然一个人是不会去看三生石的，除非他是诗人。有一种说法，说《红楼梦》里宝黛的爱情故事就是从三生石畔的前生开始的。其实现在的人想的是今生的事或者当下的事，但到了这么一个清净之处，这么三块石头就让你的情感升华了，或者说能够想通一些问题了。

在今天，灵隐寺的香火依旧是很旺的，出了寺门去三生石看看，就是一个特别的节目了。我把它理解为是恋人间的行为艺术。设想一下，如果是两个人，还可以做小品练习，男道白——身前身后事茫茫；女接上——欲话因缘恐断肠……如果再辅之以各种身体动作的练习，我想，前生和来世谈不上，反正今生当下是实实在在地爱着的了，就像双面胶的效果一样。

入戏容易出戏难。有的时候我就以看戏的态度来看一个个名人的谢幕，美丽而又沧桑。我手里敲着键盘，心里在轻轻地鼓掌。我想，人生一场，活在恋爱天堂，我也总算知道了一点风花雪月的掌故。是谈资，但不是收藏品。如果他们要升值，那也只是在精神的层面，在文字阅读的气场里。

今天的杭州人，沾了西湖的灵光，所以根子上是小资的。小资就是奔小康的结果，所以很想在精神上有点支撑和安慰。于是也就鼓捣出了不少新鲜的提法，比如杭州最适宜谈情说爱的十条马路等。想想也是，杭州人戴望舒先生的《雨巷》创造了一个经典的形象，一个像丁香一样的姑娘，这在杭州比比皆是，但要结着愁怨又撑着油纸伞的，今天已经罕见了。戴望舒走出雨巷后，倒是遇到了三位像丁香一样的姑娘，他有过三段婚史，但都是不圆满的。杭州的才子走出杭州后，他所能搅起的风浪，也实在是一道靓丽的恋爱风景线。我发现杭州的才子，较之杭州的佳人来，实在是要坦白和诚实得多。比如郁达夫就是一个自我曝丑的代表，有人说他是个暴露狂，但我以为这跟他对爱情的坦白是分不开的。湖畔诗人汪静之在晚年也大胆地写起了回忆录，谈起一生交往过的女人，以及写给她们的情诗

老照片中的三生石

等。从某种传统的标准来看，某些情诗是极为暴露的。

杭州最适合谈情说爱之处，或者说最易触景生情之处，应该还是在西湖边上。触景生情，小时候学写作文总是学不会，总是假生情或生假情。但一长大一想到有中意的女孩，那就会想带她到西湖边转转。可能女孩并没有这意思，但一到西湖边看风景，也等于是摊牌一样了。何况，湖边公园里丛林中还有双双对对爱情的情景表演。这种时候，触景不再生情，那真是呆子了。但也不要以为看了人家的情景剧自己就会表演了，不是的。用今天的观点来说，爱情是需要经营的，经营不好就会亏空；经营得好就会有盈利。凡人的一点点蝇头小利都足以让人幸福一生。不过在杭州西湖边经营爱情，难度要更大一些。因为这是爱情之都呀，大家都擅长吟风弄月的，你的那一点小心计小手段，扔在西湖里是不会起浪花的。

是啊，杭州的西湖不大不小，太大风浪受不了，女人动不动要跳湖也麻烦；太小则把人闷死。山也是这样，太高则高不可攀或高处不胜寒；太低则一蹴而就。西湖周边的山倒都不高，但还算有点野气野趣。这一点郁达夫等众多名士留下的文字就可证明。虽然经半个多世纪的沧海桑田，还好西湖的野趣仍存留着，这是值得欣慰的。在杭州不怕找不到恋爱的地方，就是在二三十年前，也不会像上海人那样都去外滩插蜡烛。凡是恋爱的人都有经验，都想找灯光暗一点的场所，但又不能太暗，而整个西湖一圈包括四周的山，正符合这个要求。情人之城不可能建在沙漠之上，这就是杭州的独特之处。杭州的美在于一种常态，四季皆宜，浓妆淡抹总相宜。

情人之城，恋爱天堂，有太多的美丽传说，有太多的倾国倾城，当然也有太多的伤心欲绝。我们生于斯，长于斯，萌情于斯，结庐于斯，然后我们在花开花谢，蝴来蝶去中渐渐变老。

西湖

老了，如果有可能，就坐着轮椅在西湖边走走，看着西湖的柔波，想着陈年往事，我们会把眼睛眯起来。可能是因为阳光太艳，可能是我们需要闭上眼睛才能好好地回想一番。

突然一队少男少女脚踩滑轮嗖嗖嗖地滑过身旁，他们的身影很快消失在桃红柳绿之中。

妾乘油壁车，郎骑青骢马，何处结同心，西陵松柏下。





# 苏小小可以穿超短裙

杭州西湖跟苏姓有缘，出了大名的就有苏小小、苏东坡和苏曼殊。而其中苏小小，照《辞海》里权威的说法，她是个文学人物，但现在西湖边孤山下，却有她新修的墓。

对于这个墓，外地游客还是颇为好奇的，他们不一定能理解，杭州为什么要在西湖边搞这么一个东西，杭州人对苏小小的那样一种感情，是不是跟绍兴人对臭豆腐的感情有点相似？如果我没有记错，这个新墓，是在一个春雨如丝的上午举行过一个仪式的。此后诸多影视戏和小说也在紧锣密鼓。数年前，杭州的著名主持人安峰就写过一个武侠风格的长篇《苏小小》，后来我又得到了作家赵征赵缨父女出版的《湖山风月》一书。至于我本人，也以为苏小小的题材仍有很大的空间，因为她跟那些诸如怒沉百宝箱的已经盖棺定论的名女人不同，她是一个传说中的人物，而且生活在1500多年前，其身份又是娼，所以我说苏小小可以穿超短裙，那既是指她的青春靓丽，又是指她的无限的可塑性。前者，小小死时才22岁；后者，那就是这个传说在当下的多元性。说白了，中国人就是爱看一个妓女的故事，正如西方人喜欢《茶花女》，这跟我们当下要大力打击嫖娼卖淫是一点

新建的慕才亭

也不矛盾的。一方面要大力打击，一方面要在特定场合且各种场所安置安全套发放机，这就是两手抓两手都要硬。

“妾乘油壁车，郎骑青骢马，何处结同心，西陵松柏下。”这首《钱唐苏小歌》，在当时就跟《月亮代表我的心》这种流行歌曲一样有名。人物、地点、道具还有具意义，这短短的20个字里都有了，后人创作的有关苏小小的影视戏，大多源自这首流行歌曲。那么现在碰到的一个问题是，除了青骢马，油壁车到底是个什么东西？让我再怎么大胆地想，也只能往三轮车方面去想。即使让造奔驰宝马的德国人来研究，可能也仍不得要领。现在看到的关于油壁车的传说大致有二：第一，它是小小独创发明的，如果这是真的，那是多么了不起的事情啊，因为照我的理解，一般的文青或才女，数理化都是不行的，造车总要跟机械原理有关。当然，小小可能只是在装饰方面加了自己的东西，其余的，恐怕就是代表了那个时代的生产力水平。第二，小小平时就是坐着这样的油壁车游西湖的，且跟骑着青骢马的郎是一见钟情。你们想想看，一个在车上，一个在马上，这个车马不管是停着还是运动着，是相向而行还是逆向而行，总之要一见钟情得具备多少元素啊，至少我以为苏小小不应该是个近视眼，她坐在油壁车上既能看得清对方，又能被对方看清楚；再者她的容貌和气质具备了令人一见倾心的要素。如果是春暖花开或天气炎热，苏小小又有所裸露的话，那么她对郎的吸引力肯定是更为致命的。而且我们也可以想象得到，那油壁车和青骢马的时速都不像子弹头似的，否则邂逅的时间和打量的空间就没有了。所以从这个角度上说，慢有慢的好处，正如公路上的一些提示标语——迟到总比永远到不了要好！

妾乘油壁车，郎骑青骢马。这个车拿什么作动力，这是我所关心的。还有，苏小小的春游，是一种放风还是出来兼营春光，这个也不得而知。但是在我的印象中，小小是个很另类的女子，用现在的观念很难去界定她。

随心所欲，率性而为，美且又有点极致，为情而生，为情而死，这是我对小小的结论。

妾乘油壁车，郎骑青骢马。这个郎名叫阮郁，一见钟情之后，便去湖边寻觅小小的踪影，并且终于如愿以偿，恩恩爱爱的。或者也曾山盟海誓过的，然后阮郎家里人出面干涉，阮郎离开杭州回家考学，从此再无音讯了。我总是在想，1500 年前的中国人在想些什么做些什么，想的结果是跟今天无大异的。男人在想功名，当然也想爱情，比如邂逅个美女之类的。女人在想什么？主要还是在想爱情，最好是那种一见钟情式的爱情，这种爱情来得快去得也快，符合一夜情的诸多特点。1500 年前的男人，骑着一匹青骢马在游西湖，这跟今天开着宝马游西湖有什么区别没有呢？我以为一点也没有。有所区别的只是 1500 年前肯定比今天要环保，因为青骢马不会排放尾气，而它的粪便即使流入西湖，那也不是什么大不了的事情，至少还是生物链中的一环。

很好的春光，很好的心情，阮郁本来的想法是最好能兼顾功名和艳遇，至于说事过境迁，至于未能如愿，那是另外的话题了。中国文学愿意听一个女人的诉说，男人不能靠说而是要看行动的。所以我们说苏小小的被人记住，不是因为这么一次艳遇，而是她还做出了比艳遇更为符合中国人道德行为的事情。所以在有关于苏小小的文本中，第二个男人，这个叫鲍仁的仁兄将一再被提及，因为这是一个落魄的书生。1500 年前，功名比今天更为重要，而小小的贡献在于她出资救济了他，让他进京赶考。赶考——高考，我在今天只能如此类比，但事实上，过去的赶考比起今天的高考还要重要得多。今天你修完大学很可能还要为找工作而烦心，而在当时，那肯定是国家分配了。所以鲍仁这样的人，面对红颜知己的出资时，他肯定会说上一番话的，大意是考中之后一定会来答谢的——据说小小对此只是淡淡一笑，似乎她对男人以及男人在荷尔蒙激素起来时说的一些话是颇不以为然的，她听得太多也看得太多了，虽然她当时还未满二十，就像今天那些听 MP3 的人早听过多少关于爱情的流行歌曲了。可是当真的感情来的时候，谁又不是蠢蠢欲动的？这个鲍仁跟小小，我看到的版本是发乎情止乎礼的，即他们相遇时并未发生肉体关系。这倒不是说鲍仁不想或者说单纯的没有钱，而是他当时的那种自卑和理智。而在小小一方呢，她也以为一旦跟这个男人有了肉体关系再加上金钱关系，用今天的俗话来说就是倒贴钱了，那这个性质也就变了——这大概也就是我们今天的文人所能理解

老照片中的苏小小墓

苏小小这个文本的程度吧。做朋友还是做情人？这对小小不是问题，小小不是哈姆雷特，不会那么累的要二选一。现在人们是把小小塑造成一个没有一点瑕疵的那种完美女人，如果说有不完美，那就是她的逝去实在是太早太早，一个爱穿超短裙的年纪，还没有等到穿晚礼服。不过正因为早，小小才有了升华。从这一点上说，小小有点樱花的味道了。

但是我又在想，如果苏小小和鲍仁发生了肉体的关系，就像春风吹绿了岸边的柳枝，春雨打湿了绽放的桃花，那又有什么呢？好像一有肉体关系就不高尚了，而没有肉体关系，苏鲍之间就是十分纯粹了，只是那种救助与被救助之间的关系。而在一般人看来，道德的升华总比情欲的享受来得重要，因为前者是可以教育人的，后者只是愉悦人而已，于此也会推导出两种观点——一是樱花迟早要谢的，那么还不如与春色共舞吧；二是人总是要老的，那么你还是要教育后人好好读书的，大学毕业都不一定找得到工作，所以至少要硕士吧。

如果苏小小真的喜欢，或者说爱上了鲍仁，那么似乎一切都是自然而然的。在后人论及苏小小时，总觉得她这个人物是要有所升华的。升华于何处？即她从爱阮郎爱一个才子，上升为爱西湖山水。因为才子总是一个一个地离她远去，真正能与她相伴的还是这湖光山色。而且她觉得如果她嫁入豪门或被人纳为小妾，那就一点自由都没有了，而现在，她能流连于美景之间，那就是莫大的自由了，这一点或许跟今天的白领单身女人有着某些共鸣吧。所以杭州人喜欢她，并不因为她是妓女，而是因为她的故事，跟西湖有情有义地融在了一起。虽然这故事有演绎的成分，因为《辞海》里说了，苏小小本身就是个文学人物嘛。换句话说，一个女子年纪漂亮又有情有义，即使你背叛她她也不怎么怨你，这样的女子哪里去找呢？所以只好找苏小小了。

因为苏小小有所寄托，所以她不怕你负情，只要西湖不对她负情，她就无所谓了。而从来都是人负山水，没有山水负人的。天若有情天亦老，人间正道是沧桑。1500岁的苏小小是否沧桑了呢？还是请看今天的西湖风光吧。

不过后来那个鲍仁还真是做了刺史，在小小还健在的时候，他并没有来还愿来报恩，当然更不敢来明媒正娶。只是在小小死了之后，他来报恩了，在西陵（西泠）桥边给小小造了一个亭，名叫慕才亭，上有一对联为：湖山此地曾埋玉，风月其人可铸金。

这也叫有礼有节，男人啊，读书而做官的男人啊！这也叫感恩，当下国人都在提倡要学会感恩，不知鲍仁这种做法，算不算感恩的一种榜样？

你去怪鲍仁是没有道理的，正如你也不能去怪阮郁，因为小小从没有想过要嫁给这些男人，她可以为情而生，但不能为情而嫁给男人。这是男人的悲哀，也是男女之情的无奈，然而这又是山水的有幸。

数次路过苏小小墓，曾拍数张照片贴在博客上，有朋友说远看过去像个蛋挞，更多的游客在议论这苏小小是谁，有人说是苏东坡的妹妹，有人说是个妓女。他们是不太知道，如果是个妓女，那又何必给她树碑呢？张爱玲说过出名要趁早，那么妓女出名也一定要趁早，而且一定要跟文人有瓜葛，如此便会留下一些佳话。某年某月，西湖边曾有评“西湖十大佳人”的活动，苏小小占十佳之一，那是理所当然的了。

这是给人很多想象和议论的话题，然而苏小小的坟算是我见过的最没有想象力的东西了，这是指新墓。而关于老的那个墓呢，我们也只能看前人的记述了。看张恨水写于1929年的《湖山怀旧录》，有那么一段——

苏小小墓在西泠桥之内。六角小亭，近临水滨，湖草芊芊，直达亭内。冢隆然，高约三尺许，在亭之中央，惟坟之上下，遍蒙鹅卵石，杂乱不成规矩，未知何意？

浙人曹聚仁也写过一短文名《苏小小坟》，摘录几句——

苏小墓在西泠桥侧，土人指示，初仅半丘黄土而已。乾隆庚子，圣驾南巡，曾一询及。甲辰春，复举南巡盛典，则苏小墓已石筑其坟，作八角形，上立一碑，大书曰“钱塘苏小小之墓”。从此吊古骚人，不需徘徊探访矣。

其来由不过如此，正如上海的流氓头子，要在那儿竖起“武松墓”是相同的，要说苏小小的人生观，倒是真正的潘金莲呢！

那个老的墓，早在上世纪50年代就被当作牛鬼蛇神扫掉了，提议者也是一位文化名人，因为当时提到了劳动人民这一概念，那么其结果可想而知，西湖边的名人墓，几乎都不是劳动人民。给苏小小和潘金莲划等号，我以为这是曹聚仁先生的一大发明。曹先生一生著述无数，多是匆匆而过。现在的苏小小墓旁不远处，倒真有新修的武松墓，我到现在也没搞清楚，那是不是《水浒传》里的那个武松，听说不是，但愿不是。文学人物和史上的真人同名，也是趣事之一。

2007年春节的一天，天气暖和，我走西湖北线，过苏小小墓，得小诗《苏小小啊苏小小》一首，录下作结尾——

树枝上的嫩芽
爆在80后的脸上
几颗青春痘在议论
苏小小是谁
我无论取什么样的景
都拍不好照片了
他们都是外乡人吗
那么我就是从古代来的那个男子
馒头一样的坟冢
为什么一定要绛黄色的
一定要到夜深吗
要深到哪一夜才能与你邂逅
香客、背包族和MP3
女儿满不在乎地跑过西湖

花褪残红青杏小。燕子飞时，绿水人家绕。枝上柳棉吹又少，天涯何处无芳草？墙里秋千墙外道。墙外行人，墙里佳人笑。笑渐不闻声渐悄，多情却被无情恼。





# 当苏东坡遇到朝云

苏东坡遇到朝云的时候已经 50 岁了，此前他有过两段婚姻，都因妻子的早亡而成了金牌王老五。

朝云遇到苏东坡的时候也已经 27 岁了，这个年纪就是在今天，也会让女子提心吊胆了。当时朝云的身份是一名艺妓。对于艺妓这个职业我们知之甚少，即使看了章子怡和巩俐演的《艺妓回忆录》，也还是不得要领。日本的艺妓跟中国宋朝时的艺妓是不是有相似之处，这个谁也不敢妄下结论。现在要对艺妓有个印象分，只能是那句老话——卖艺不卖身。

不是不卖，只是还没有找到好的买家。所谓艺高人胆大，这一大便大到了 27 岁，差不多是个女硕士生毕业的年纪了。

50 岁和 27 岁，这落在今天也不算多少稀奇，也有版本说她们相差 26 岁。苏东坡和朝云，为什么会留下一段佳话，皆因朝云的身份是个艺妓。有一句难听的话大家都知道，叫作妻不如妾，妾不如偷，偷得着不如偷不着。这话落在东坡身上未必合理，朝云的身份就是个妾。因为从现有的史料上看，东坡的第一个妻子王弗也是个很有味道的娇小女子。遥想当年，东坡十八，王弗十六，在今天都是喜欢周杰伦听 MP4 看 NBA 写新概念作文的年纪。东坡和王弗的这段婚姻，那是媒妁之言的结果。现在有人说古代的父母之命媒妁之言有它的合理性，正如科举考试。关于王弗，我们现在知道的仅仅是东坡留下的一首词，一首悼念她的《江城子》，我记得当年在课堂上读它的时候，男生女生都是有点动容的，这种动容跟读《雷锋之歌》其实也是一样的——

十年生死两茫茫。不思量，自难忘。千里孤坟，无处话凄凉。纵使相逢应不识，尘满面，鬓如霜。

夜来幽梦忽还乡。小轩窗，正梳妆。相顾无言，惟有泪千行。料得年年肠断处，明月夜，短松冈。

试想一下男生女生齐声朗读，我们的发音虽不及乔榛丁建华，但自己的汗毛也会禁不住竖起来的。当然，诗人的诗句跟现实生活未必能对应，何况这又是回忆之作，是在王弗去世十年之后的悼诗。不过由这一首词，当年老师就说，苏东坡对爱情是很忠贞的，如此深情地悼念亡妻，不正是一个很好的说明吗？现在看来，诗人的便宜之处是只要把诗写好，那么千年之后，你的诗也就成了呈堂证供了。后来想想也对，老师说是对爱情的忠贞而非对妻子的忠贞。王弗之后，又有一个续弦者叫王润之，她是王弗的表妹，可惜也早亡了。

如果照迷信的话来说，东坡先生是有克妻之命的，因为既然女人有克夫之相，那么男人是否也会这样呢？为什么有的女子来一个走一个呢？当然这只是猜想，近乎哥德巴赫。

关于朝云，因为是艺妓，琴棋书画的执照都是有的，所以东坡见她，自然是老夫聊发少年狂了。艺妓的艺包括了对诗歌的艺，那么按我的理解朝云也就是另一个苏小妹，只是在长相上颇得东坡的欢心。秦观曾说她美如春园，目似晨曦。东坡向她求爱时，跟今天中外爱情片中的桥段是大同小异的，大致如下——

东坡：姑娘，你以你的才貌，何不早日从良呢，莫非你还没有心上人？

朝云：心上人是有的，可惜他是个木头人。

东坡：这个木头人在哪里？

朝云：远在天边近在眼前。

……　……

老照片中的苏堤

在这里，东坡被塑造成一个木头人呆头鹅似的梁山伯，我以为这也是后人杜撰的。

所谓红颜薄命，自古女子皆是如此，特别是多情女子。东坡给朝云也是留过一首词的。那就是《蝶恋花》——

花褪残红青杏小。燕子飞时，绿水人家绕。枝上柳棉吹又少，天涯何处无芳草？墙里秋千墙外道。墙外行人，墙里佳人笑。笑渐不闻声渐悄，多情却被无情恼。

由此诗看，古代佳人的主要娱乐活动还是荡秋千，现代佳人的娱乐活动可谓多矣。然而我发现荡秋千仍是她们所喜欢的，特别是由男人在后面推着她们，她们口中发出尖叫，又想竭力地保持一种平衡——此种富有动感和声效的画面现在是越来越少见了。现在的导演喜欢拍床戏又遮遮掩掩，还真不如荡秋千来得爽呢！多情却被无情恼，在我看来，每一个女子对东坡必然是多情的，但是她们的不幸就在于所谓薄命。

王弗一首，朝云一首，东坡的爱情诗每一首都很精彩，那是因为东坡生命的每一个时期都有新鲜的血液注入。何况宋朝是一个何等宽容的社会啊，那个时候的诗人，总是跟和尚和妓女搞在一起的。东坡在西湖上泛舟时，常常是携妻和携妓同游的，她们彼此相看两不厌，又相互产生醋意，东坡很知道这其中的奥妙，让她们相互嫉妒并制约，以达到更高层次的和谐。我们现在不可能再回到那个时代了，所以只能想象并唱唱挽歌。只是所谓的和谐之道，其本身也是有多种样本的，僧侣独身，他也自有一套和谐之道。

王弗、王润之和朝云，东坡生命中的女人肯定不止这三个，但唯有这三个是登堂入室记入史册的，其中又以朝云最为动人。为什么？因为不仅

杭州苏堤　　老照片中的苏堤六桥烟柳

仅是苏东坡，中国的文人墨客其实都喜欢跟朝云这样身份的女子有一腿，这在当时又是合法合情的，人家又懂诗还会生孩子，虽是白发红颜，但一树梨花压海棠也是美妙的。

东坡喜欢朝云，或简言之，有那么多名士和妓女的佳话传到今天，除了妓女可能的确有过人之处外，我想更深层的心理原因会不会是这个呢？还有，艺妓特别是歌妓，对当时的诗艺词艺发展有着不可磨灭的贡献，因为词是唱的，也就是今天的流行歌曲。从这个意义上讲，东坡、柳永包括那个做过皇帝的李煜，也都是那个时代的流行歌手。

那个时代的流行歌手，一定是代表了那个时代文化的最高成就。这个人可能是个市长，可能是个皇帝，也可能是个无行文人，或者是一个艺妓。

当东坡遇到朝云，还有一个版本说，那一年朝云才十岁，是东坡的妻子招来的丫环，琴棋书画也都是东坡教的，后来才纳为妾。如是一说，她又怎么成艺妓了呢？不好解释。不过有一个说法很有意思的，因为朝云后来身体欠佳，她也像东坡那样求长生不老，所以在她三十出头时，他们就商量分床而眠不过性生活了，这大概就是东坡的所谓清心寡欲吧。我在二十出头时看东坡练瑜珈求仙丹的有关记述，觉得很不好理解。现在我每天服十八粒六味地黄丸，大致有一点点明白了，只是朝云永远是那个时代的朝云了。

在今天，苏东坡依然是人们迈不过去的一道坎，文人迈不过，官员也迈不过。杭州有这样一个市长，且又跟苏堤有关，这令今人望尘莫及。今天造高楼易，造文化难，要修复文脉更是难上加难。怪不得郁达夫当年也会有这样的感慨——

楼外楼头雨如酥，淡妆西子比西湖。

江山也要文人捧，堤柳于今尚姓苏。

乔姬和王姬，清朝导演李渔爱上了两位女演员，最后大幕拉上之时，仍是白发送红颜，这是导演用生命和情感创作的两出悲剧。



# 当导演爱上女主演



二十出头的时候，我看过三本书，一本是现代舞蹈家邓肯的自传，不是那个打篮球的邓肯，其中写到她和叶赛宁等名人的恋爱史；一本是山口百惠的自传，主要是写她与三浦友和的恋情，里面有一张山口百惠穿泳装的照片，我大约一周是要看上两三回的；还有一本是索菲亚·罗兰的自传，即那个大嘴巴的意大利女人，当时只看过她在《巴黎圣母院》中演吉卜赛女郎。当然这个女人除了嘴巴大之外，其他该大的地方也是很大的。罗兰的书给我留下印象的主要有两点：一点是她好像嫁了个导演还是制片人，好像是个蛮老的老头；第二点是她怀孕之后就一动都不能动了，整天躺在床上等着生孩子。

为什么说这两点印象深刻呢，因为后来我才知道，女演员嫁给导演似乎是很不错的选择了，当然也有嫁个达官啊名流啊富翁啊或者男明星啊知识分子啊什么的。而导演娶个女演员，或者说娶个明星，那也是近水楼台的事情。最近看电视上导演演员的采访，总是在说拍戏如何如何辛苦，好像比外来务工者要辛苦得多，但他们从来不说拍个戏拿了多少人民币。大家也知道，现在影视圈越来越像家庭作坊式的，节约成本，肥水不流外人

李渔故里

田，男导演和女演员的搭配似乎是最佳组合的了。当女演员年老色衰之时，她至少还可当当制片人管管账目什么的。

好了，当导演爱上女演员，500字过去了，主角才迟迟出场，这个主角就是清代的文人李渔。小说家、戏剧家、评论家、出版家……再多的帽子他也能戴上，还有一些头衔，美食家、剧团经纪人、掮客等等，也都是名副其实的。我现在要说的是，那个时候的李渔还是他的家庭剧团的导演兼经理。这个剧团的剧目不是为参加全国评奖而排演的，完全是民营的，其职责和功能就是送戏上门，服务的对象则是达官贵人和文人墨客。注意，现在有个新词叫达人，大概就是从老词达官贵人中剥离出来的。当时李渔手中的两张王牌，则是乔姬和王姬，特别是在晚年阶段。注意，是乔姬和王姬，不是朝鲜电影中的金姬和银姬。

从现有的文字记述中我们知道，乔姬和王姬是李渔从大西北买来的。买来干什么？一是学戏演戏，然后便顺理成章地双双收为小妾，那一年李渔60岁，乔姬和王姬分别是16岁和15岁。而在她们之前，李渔则有着其他的姬，也是演戏兼小妾的身份。所以我们说因为有乔姬和王姬的存在，李渔的剧团确实可以称得上是一个家庭剧团。当然至于年龄的差别以及导演为什么会爱上女演员之类的，几乎已经不是什么新闻了，但是有一点可以肯定地说，男人年龄越大，对女生的爱就会越痴迷。打一个不恰当的比喻，正如婴孩依恋母亲一样的。同样的，李渔也不是一般的剧作家，他还有着管理剧团和培养新秀的本事。因为一个很显著的事实是，乔姬和王姬不是因为美色而服人的，就像越剧小百花和超女，不仅仅人要青春靓丽有特色，唱功也还要好。对于乔姬和王姬，那些达官贵人和文人墨客们，惊叹的不仅仅是她们的美貌，因为这一点他们是很相信李渔的审美水准的，他的《闲情偶寄》曾是那个时代的选美教科书。人们奇怪的是，这两个西北妞到江南不到半年，吴侬软语已经相当地道了。看了她们的表演，当时诸多文人曾经留下文字记述他们的感受，如古文学家周亮工就感慨“乔王二姬，真尤物也，舞态歌容，当世鲜二”。注意，这位周先生也是一名高官，两淮盐运使也。文人从政或官吏善文，在那个时候很是寻常，因为学而优则仕嘛。当时管盐的，等于现在管石油的。

对于乔姬和王姬的美艳和演技，旁人的惊叹是有道理的，但那也只是惊叹而已。我现在想，晚年的李渔将这乔姬和王姬收为妾，还多少有着一点文化差异的因素。你想想，李老平时接触的都是一些江南女子，水一样的柔情，同样也是水一样的细肠子，他们的一笑一颦不用说李渔早已是熟悉得不能再熟悉了，所以他会从西北带回两个宝来。这就像超女中突然出现了一个李宇春一样。这样的女子，当然是尤物中的尤物了，或者说识得的是一个宝，不识的就是一根草。而现在这两个北方女子，性格好像高亢的秦腔似的，与我们平时听到的莺莺燕燕大相迥异。我现在杭州的朋友，有的不太愿娶同城的女生，大约是以为地理环境影响人的性格，他们似乎更愿意跟东北或湘川一带的女生交友。我不知道李渔的那些戏中，其唱腔是越剧京剧昆曲还是他家乡兰溪的婺剧，但是李老能在不到半年的时间里把两姬调教到能“舞态歌容，当世鲜二”的境界，那就是一个导演的本事了。当然文人的笔墨可能有夸张溢美的成分，但再怎么夸张，至少可以证明那个时代的大男人也好小男人也罢，都是很艳羡李渔的，虽然他的名声并不算太好，也不能归入到德艺双馨一类的艺术家中去，因为他取财的方法，有时颇有些旁门左道。那个时候他要养一个50多人的大家庭，也就是他的家庭剧团。他收入颇丰的时候，可以日进斗金，但他从不知节俭，所以收成不好之时，他难免要打打秋风等。但现在谁也不会怀疑他作为一名导演和剧作家的才能，因此我们也很可以理解，为什么那些寂寂无名的女演员，一旦遇上一大导演之后就能一夜成名。我们熟知的巩俐、章子怡、汤唯等皆是如此，如果乔姬和王姬活在今天，可能早就到好莱坞发展了。

现在人们不知道李渔是用什么办法调教二姬的，若是在今天，他一定是唱片业的大亨或戏霸了。而在当年，他的另一个角色便是书商，他写印刻卖一条龙服务，成了一生财的产业链，且从源头一直做到销售终端。而他的家庭剧团一是可以演他自己写的新戏，同时可以通过这样一种送戏上门及巡演的方式，搭上他的一些投机倒把的生意。每次他的船队出去巡演时，船上装着的不仅仅是人员和舞台设备，还有大量的货物，所以说那个时代里，李老早就是文人下海了，或者说他一直就是在海里折腾着的。

装戏的船上还运载其他货物，也有偷税之嫌。要知道那个时候也是要交关税的，这一点《金瓶梅》写得很清楚了。而李渔的贡献，用今天的话来说，给人带去的不仅是精神文明，还有物质文明。盐运使能给他如此高的评价，那么批发一船盐怕是在情理之中的吧，至于有没有用官府的钱来消费李渔的戏班子及招待费用，这个就不好查了。

最后我要说的是乔姬和王姬的命运。李老自然是格外宠着她们的，李老的其他妻妾们无疑也是有点嫉妒的，但这也不是什么新鲜事。世上本无新鲜事，正如所谓红颜薄命这一句宿命性的话语一样。先是乔姬，在送戏巡演的途中病倒了，红扑扑的脸却一点也不像生病的样子，躺在床上反倒显得有些娇慵病态之美。可是生命的夜航船没有能行驶多远，好像突然吹来一股邪风，那一点烛火说灭就这样灭了，无“非典”无禽流感无口蹄疫也无苏丹红，20岁不到就很快走了。当时哭得最伤心的除了李渔，就是如亲姐妹一样的王姬。这完全是可以想象的，所谓唇亡齿寒是也。

接下去就轮到王姬了，比起乔姬来，她似乎要显得幸福一点，因为她曾经告诉李渔，她可能怀孕了。李渔听到这个消息，无疑比创作了又一出新戏更为高兴，因为那一年他已经65岁了。老年如能得子，且又是王姬所生，那还有什么比这更可安慰人的呢？然而命运弄人啊，用现在的观点来看，当王姬腹部渐渐隆起之时，她怀着的很可能不是一个孩子，而是一个恶性的肿瘤。在乔姬生病之时，李渔还曾亲自给乔姬诊病开药方，而这一回他却是完全束手无策了。因为凭他这位老导演的经验，他也不知道该开什么药方了，此前他并没有把乔姬看好，更何况那时既没有CT，也没有西式的外科手术，所以对于王姬的病只能是睁着眼祈盼上天了。各种药都试了，最后还是回天无力。

乔姬和王姬，清朝导演李渔爱上了两位女演员，最后大幕拉上之时，仍是白发送红颜，这是导演用生命和情感创作的两出悲剧，至今想想仍有些感慨，说说呢就是谈资。而从生命健康的角度看，老夫少妻未必是好的模式，虽然中国道家学说中有所谓采阴补阳之说，我们暂且不论这阳能否补起来，这阴要是被采得厉害的话，那么女子的生命还会长久吗？东坡之妻妾，李渔之妻妾，是不是都被采得过度了呢？而这两位男主人公就其寿命来说，并未补益多少。或许文人的寿命，大约不是以年龄论短长的，他们的大半生命，可能更多的是活在其文字中。

我想也只能这样解释了。

2007年，迷离的灯光打在“勾山樵舍”上面。设想如果这里有一个戏院，走过的人们能听到锣鼓的声响，能看到孟丽君倩丽的身影，然后不管昆曲还是越剧，京剧还是评戏，总之这里夜夜皆有孟丽君的唱腔，如此这般，或许是我们对陈端生和《再生缘》最好的纪念了。



# 陈端生：何处可续再生缘



杭州南山路。暖暖的灯光打在一块石头上，隐隐可见“勾山樵舍”四个字。杭州南山路，柳浪闻莺笙歌吹，春风吹得游人醉。酒吧一条街，咖啡一条街，时尚的人啊，可知这里有一位才女，250年前，用她最为时尚的方式，为中国艺术留下了一个美丽的传说。

杭州南山路，30年前法国梧桐织起的一片金色，秋天，浙江美院的学生咳嗽一下，整个杭州都可能要微微地感冒；正如现在某些画坛名人呛一声，第二天娱乐文化版上就有千字文章可做了。

250年前，一代才女陈端生的家就在柳浪闻莺的对面，她在此写完了60万字的《再生缘》的最后一个字，塑造了孟丽君这一为中国老百姓所喜欢的形象，影响了两百年来的中国戏曲舞台。

《再生缘》是一部长篇弹词。就我们现在的南方人而言，说越剧说昆曲还知道，弹词也只听说过有弹词开篇，但要想起什么词什么调就没有了。我唯一一次在书场里听评书也是在20多年前了。那次是因为打球骨折了，养伤之时无聊得很，便去图了一回新鲜，只见满书场的人皆是白头发，我坐在那里，煞是滑稽。

陈端生故居

60万字的《再生缘》，陈端生其实没能写完，正如《红楼梦》也没有写完一样。陈端生人到中年，每日倚窗而立，盼着丈夫归来，如果用电影镜头表现的话，丈夫的马车或者脚印落在北方的雪地上，而西湖边的柳枝已经爆出了嫩芽。脚步声越来越近了，陈端生的眼睛却永远地闭上了。

50年前，有两位大家，陈寅恪和郭沫若分别为《再生缘》作评点工作。大家尤喜才女，传闻陈大家晚年失明，郭大家耳聋，于是便有了“壬水庚金龙虎斗，郭聋陈瞽马牛风”的说法。这是郭沫若的诗，说他为《再生缘》而去访陈寅恪的事情。“他生于庚寅，我生于壬辰，我笑说今日相见是龙虎斗。伊左目尚能见些白光，但身体甚弱，今年曾病了好久。胃肠不好。”但这不影响两位大家对孟丽君的激情。陈大家的另一杰作就是评点柳如是。中国文坛，自古以来对妓女就是不薄，凡是有名的妓女，都是文人钟爱的。杭州曾经评西湖十大佳人，除了传说人物之外，十大佳人中妓女占了三位，她们是苏小小、王朝云和琴操。东坡之女人就占了两位，还有一位就是欲把西湖比西子的西施，也得益于东坡这一作比。只可惜，杭州人想拉秋瑾进去，结果却忘了陈端生。

陈端生的《再生缘》，陈寅恪将之比作印度和希腊的史诗，而郭沫若认为陈端生的写作技巧“比之十八、九世纪的英法大作家们，如英国的司考特、法国的司汤达和巴尔扎克，实际上也未遑多让。”

相传陈端生18岁时就作《再生缘》了，其体裁是七言长篇，所以又称弹词，可算曲艺，实质是诗，是叙事史诗，只因这种形式，今天看来属于文化遗产了，不像小说等。但小说有一天也会成为文化遗产的，当物质越来越强大之时，非物质的文化遗产必然会越来越多。如果陈端生写的是小说，那说不定就是一部《红楼梦》或《金瓶梅》了，所以一个作家选用什

陈端生故居侧面

陈端生故居一角，不知能否再生

么体裁也是至关重要的。

然而陈端生的写作却不是为功利的，她 18 岁开始写作时，纯粹是为好玩，就像今天的女生们写博客似的。这跟名人开博关博皆是有所不同的，名人之开博关博多少有利益之驱动，虽也有性情所致。而那时的女生，有家境的可以读读书，没有的则要做做女红，至少要织织毛衣吧，哪像今天啊！

陈端生好比是用写作的方式做女红。18 岁，生于官宦兼书香之家，父又名勾山，母汪氏也是一才女，所以传闻女儿写了文字后还要给母亲看，读给母亲听，这是很了不起的事情。现在女儿写了博客也不一定说给老妈看的，虽然这本来就是一个公开的方式。还有我说官宦兼书香之家，这在当时也是比比皆是啊，读书做官，做了官更相信读书是有好处有用处的，如此反复，算是一条光明大道，也是推动社会进步之阶梯。

“静坐芸窗忆旧时，每逢闲绪写新词。”陈端生开始了像玩一样的写作。那一年她 18 岁，花样年华，跟做官的父亲生活在北京，在天子的脚下，却写起了嘲讽天子的文字来。

陈端生虚构了一个故事，她的女主人公就是孟丽君，又一个女扮男装、美丽勇敢的女子。

我在初中时，就不信女扮男装之故事。花木兰、祝英台等虽然好玩，但总不太可信。这反过来也证明中国古代的女性，其性别特征是不明显的。妓女、荡女可以丰乳肥臀，但好女人大约都是平胸一类的，那么反过来证明中国古代的男性，其性别特征也是不明显的，除了张飞鲁达等，大约也是以白面书生为多。男人是白面，女人是平胸，这为女扮男装提供了可能。或者说那个时代也已经流行中性美了。

老照片中的柳浪闻莺

当然，女扮男装还有更大的心理背景，那就是一个女人要实现更大的理想，只能消灭其性别特征，或者说暂时隐匿其女性特征。现在有不少职业，也是需要如此的，比如说体操运动员，长得都是普遍的小，因为大了，就影响其重心跳跃和平衡等。

如果用 200 字来说《再生缘》这个故事，应该是这样的——

孟丽君是一昆明才女，生于元代。孟丽君才高貌美，成为云南总督皇甫家和豪族刘家争聘的对象。她不愿屈服刘家的迫害，大胆抗旨拒婚，于是女扮男装，离家避难，后进京应试，得中状元，官至宰相，在朝中与父兄为同僚，而众人皆不知。她纳丈夫为门生，压倒须眉男子，一时成为朝廷重臣。后来女扮男装之事暴露，皇帝见她貌美，逼她为妃，孟丽群机智周旋，得以幸免。最终，与皇甫少华成婚，回到闺房……

这里要说明一点的是，为何要把孟丽君写成是昆明才女，因为陈端生母就是昆明人。陈端生一生的主要生活轨迹就是在昆明、北京和杭州。

多么具有戏剧性啊，才子佳人，皇帝大臣，豪门恩怨，家族情仇，众多男人为一女子，包括皇帝老爷也加入进来——这是民间的想法啊，也是一小女子的梦想。三年时间，陈才女写了 60 万字，共 16 卷。可见写作的速度非常之快。要知道，她不是用白话文写的，她是用七言来写就的，且看她的开场白——

闺帏无事小窗前，秋夜初寒转未眠。灯影斜摇书案侧，雨声频滴曲栏边。闲拈新诗难成句，略检微词可作篇。今夜安闲权自适，聊将彩笔写良缘。自古云，婚姻五百年前定。我观来，成败之由总在天……因甚书中谈及此？这情由，却同此集事相关。说一番，悲欢离合新奇语。《再生缘》，三字为名不等闲。

注意，今夜安闲权自适，聊将彩笔写良缘，这是多么惬意的生活和写作姿态啊。可以说，花一样的年龄和花一样的开篇，都属于两个半世纪前的陈端生。

现在我们要注意的是，《再生缘》中的皇帝也喜欢孟丽君，这说明皇帝是常人，就像皇帝也爱吃红烧肉一样，至少我们认为皇帝是爱吃红烧肉的。把皇帝写成普通人，这是一大进步，或者换句话，这其实也是一种市场观点，老百姓就是爱看皇帝的三妻四妾，就是爱看皇帝爱吃红烧肉。当然陈才女没有写孟丽君爱上皇帝，孟丽君爱的是少华。

由此我们便想说陈端生自己的婚姻了，半是考证半是猜度。

陈端生结婚时已经23岁了，在今天也符合法定年龄了。为何她是一晚婚者，皆因要为亡故的亲人守孝。祖父的去世，母亲的病故，据说都得各守三年，那么直到23岁，她才出嫁。她的丈夫乃会稽范氏，姓范，名秋塘，另有一说是淮南人氏。夫妻感情好不好，只好从字面上去找，找来找去找不到。但是后来她丈夫被充军到伊犁，这倒是有记载的。为何被充军，有两种说法。一种是说丈夫受到继母的弹劾，控他忤逆，于是谪戍伊犁。这在今天看来可能有点不可思议，但是在一个讲孝顺的时代里，做儿子不孝，遭继母弹劾也是正常的。现在我们还会在某些电视剧中听到“小心我控你忤逆”，看来这不是一句玩笑。还有一种说法是“以科汤事为人牵累谪戍”，即考试作弊，请人代考。由此可见，清律是何等之严。如果第一种罪名成立，那么即使如家庭矛盾，无论你是不是公务员，都要治罪。如果说是第二种罪名，那么只能说明，在陈端生面前，这个姓范的丈夫简直是一饭桶，妻子如此有才，而他却要请人代考。

这伊犁一去，就是十载。其间重要的事情是陈端生的女儿出疹亡故，这打击实属不轻。母亲不在了，丈夫也不在身边，女儿又去世，那么这种日子的滋味可想而知了。

《再生缘》毕竟是青春的作品，陈端生没有能写完，就像《红楼梦》没有写完一样。事隔20年，陈端生在38岁时，又重新拿起笔来写作，但是当时的好心情好才思已经不再了，当年用三年时间写了近60万字，现在一年的时间，才写了一卷。看样子出名要趁早，是建立在写作也要趁早的基础之上的。丈夫走了，她就是一普通的家庭妇女啊，侍奉公婆，养育女儿，大约只有在梦中，想想18岁的好时光了。

现在的《再生缘》之版本，后三卷为杭州才女梁德绳续写，以孟丽君与皇甫少华大团圆为结局。这样的结局，从陈端生的生活经历和作品情节发展逻辑而言，可能有违陈端生的初衷，她的安排也许是悲剧。

当然，所有的续写，人们都是不满意的。但是你不去续写，又总是个遗憾。

晚年的陈端生是生活在杭州的。南山路柳浪闻莺，自古即是人间天堂啊。但是作家的命运，一般来说总是比她作品的主人公更为凄惨一些，这也许就是作家的命吧。

1796 年，也就是丈夫回来的那一年，那一年陈端生 45 岁，她没能听到丈夫回家的脚步声。

2007 年，迷离的灯光打在“勾山樵舍”上面。设想如果这里有一个戏院，走过的人们能听到锣鼓的声响，能看到孟丽君倩丽的身影，然后不管昆曲还是越剧，京剧还是评戏，总之这里夜夜皆有孟丽君的唱腔，如此这般，或许是我们对陈端生和《再生缘》最好的纪念了。

只是一路迷离，歌舞升平，却听不到中国戏曲婉转之唱腔了。如果这“勾山樵舍”有个小戏台，有几个市民在依依呀呀地唱孟丽君，那又是一种怎样的景象啊！

从婚恋看其个性，蔡先生还真是喜欢办事情制度化、公开化和透明化的。这样的人做校长，一定是会把规矩定得好好的。





# 从蔡五条到蔡三条

早年我在绍兴城里游走，也曾走进过大通学堂和蔡元培故居。

民国史上，要找出比蔡元培口碑更好的人，似乎找不出第二个来的。无论共产党还是国民党，对他评价都甚高。后来我得一本浙江教育出版社的《蔡元培纪念文集》，也是名人忆他的文字，可以闲读之。

这个当年的翰林，后北大的校长，对中国的教育制度影响甚远。杭州绍兴一带的文人墨客经他提携的不在少数，周氏兄弟等当年去教育部做事，肯定跟这位同乡有关。反清的时候，他曾是个暴力革命的信徒，研制炸药，亲力亲为；其言其行，甚为前卫。

前卫还表现在他对婚姻的态度上。

他的第一任夫人王昭，也是媒妁之言的结果。那时的蔡先生也有大男子的做派，要妻子对他言听计从。据说王昭有洁癖，而蔡先生是诗人气质，所以俩人的小摩擦是没有间断过的。只是王夫人的离世颇早，她把位置让给了后来者，那一年蔡先生才 33 岁。搁在今天，男人还在做房奴讨生活呢。

面对这金牌王老五，媒客们踏破了门槛。蔡先生不胜其烦，于是开出五项条件来——

蔡元培、周峻摄于巴黎

第一，识字；

第二，不缠足；

第三，男子不娶妾；

第四，女子在夫死后可再嫁；

第五，夫妇意见不合即离婚。

消息传开来，就像听到炸弹爆炸一样，媒人们纷纷作落花流水逃窜状。

今天我们来看这五项条件，前两条针对女性，不算太高，但就蔡元培来说，这似乎是必要的条件了；第三条针对自己，算是对女方的承诺。前卫的是四、五两条。第四条放在当时是了不得的事情，也看出了蔡先生的开明。而第五条就是放在今天，也是一重磅炸弹。一个“即”字，透出蔡先生的性格。当然这在今天也行不通啊！不过在蔡先生看来，因为有前四条的铺垫，这第五条如果真要践行那也是水到渠成的。

我们不妨用两岸关系的专业术语，可将蔡先生的这五条征婚条件，称为蔡五条。

那一定是在跟王夫人婚姻的基础之上得出的，而且跟当时的世风有关。男人娶姨太太和纳妾，在当时的名人中比比皆是，特别是生于晚清的这一批人当中，但是蔡先生敢于自断后路。

鲁迅和许广平，因为鲁迅有妻朱安，且一直活着，又没有离婚，所以他们的关系只能称作是同居，这恰恰是考虑到了名分问题。徐志摩死后，陆小曼几十年如一日，在志摩像前放一束鲜花，但是他跟那位光绪师傅的孙子翁瑞午也是同居的。但是先决条件就是，你不能离了糟糠之妻。

后来成为蔡二任的还是他自己去觅来的。夫人叫黄仲玉，善工笔，是蔡先生从朋友家中先观其画，然而四处打听才觅得的。

蔡元培先生的《自写年谱》中曾说到过这段婚事："有林君為言都昌黄爾軒先生之次女天足，善書畫。黄先生方攜眷屬需次杭州，可托人探詢。我適與童君又往臨安，抵餘杭。薄暮，童君識餘杭某局長葉祖鄉君，往投宿。葉君設宴相款，我大醉，葉君諒我真率。晚餐後，葉君導觀大廳中所懸之圖畫，均極精細之工筆畫，款署黄世振，字亦秀勁。葉君說，這是我同鄉黄君爾軒之女，甚孝，嘗刲臂療大疾，工書畫。童君就告以我有求婚的意思，葉君慨然以媒介自任。"（蔡先生原文为繁体字，故保留原样。）

1901年十一月廿二日，蔡元培先生和黄仲玉在杭州結婚，而且是别开生面的。据说还以一场演讲会代替了闹洞房，演讲主题是男女平等问题。这在当时是惊世骇俗的。尤是"再嫁""离婚"等字眼都是极为新潮的。今人结婚，已经非常程式化了，都已经有唱堂会的趋势了，好像成了新民俗之一种。

男女平等如果光是停留在理论上，那还不算什么。蔡先生的可贵，在于从理论付诸了行动。

不缠足又通诗文，于是才有了这一段婚姻。可惜还是红颜薄命。蔡黄生活了二十年之后，黄夫人又不幸去世了。后来蔡先生写了不少相当令人感动的悼文。

感动，但不等于就过单身生活了，这个也要面对现实。所以蔡先生还有第三段婚姻。

蔡先生的第三段婚事，是在他任北大校长的时候。这个喜欢开诚布公的男人，再次开出了自己的三个条件——

第一，本人具备相当的文化素质；

第二，年龄略大；

第三，熟谙英文，能成为研究助手。

看得出要求越来越高，其实也是越来越现实了。如果说蔡五条有着反封建的因素，那么这一次的蔡三条民主的因子更多了。

这一回最终走进蔡先生生活的是一位叫周峻的女子，她比蔡先生小24岁，但当时也已经33岁了，未婚，曾是蔡先生执教过的上海爱国女校的学生，所以她对蔡先生一直有着崇敬之心。1923年7月10日，蔡元培和周峻在苏州留园举行结婚仪式，一时成为美谈。婚后十天，蔡周相偕出国，蔡夫人在德国汉堡攻美术，后创作一倾心之作《蔡元培半身像》。蔡先生则在上面题诗一首：“唯卿第一能知我，留取心痕永不磨”。

他们共同生活了17年。蔡夫人相夫教子，琴瑟和谐。后来邵洵美夫人盛佩玉在回忆文章中说到，1932年他们请蔡元培夫妇在上海大东酒楼吃饭，周夫人一口杭州话音。而各种资料上说周女士是南京人。1940年，蔡先生病逝于香港。

关于老夫少妻的模式，有两个典型的离子。一个是张爱玲后来嫁给大她29岁的美国作家，另一个是浙江江山才女毛彦文（即让吴宓苦追了一生的那个女人），在37岁时初嫁给66岁的熊老先生（湘西人，做过民国的总理）。以这两例来看，我得出的结论是老男人不可靠。因为他们活不了多长时间，而老男人呢，以为娶个少妻可以滋阴壮阳，没想到仅有的一点元气很快就要丢光的。

从婚恋看其个性，蔡先生还真是喜欢办事情制度化、公开化和透明化。这样的人做校长，一定是会把规矩定得好好的。这里要补充一点，蔡先生早年研制炸药就是为了杀清廷的五大臣，具体执行任务的是安徽人吴樾，事未遂，当时炸弹爆炸吴烈士身亡。他曾有遗书两点给其未婚妻，一点是说你可以嫁给某人，一点是说将来要为他立一个铜像。

绍兴人中既有鲁迅，又出蔡元培，真是越人之无上荣光啊。既有主笔的，也有主政的，当然，还有舞剑的秋瑾。

而在我看来，就人性人品来说，蔡先生几乎是个完人。十年前，作家陈军写过一部《北大校长蔡元培》的长篇小说，今天想来，可写蔡先生的还有很多很多。我这从蔡三条到蔡五条，只是想从婚姻看其人的品性。也就是说，他的前卫，不仅仅是思想观念上的，而是那种娶老婆过日子的前卫，这才是真正的前卫，而且更重要的是他的率性和真诚。看看今天各类人的征婚语词，有物质要求的，有“处女”要求的，倒也能见世风之一斑啊。

一代不如一代，可以换作一代不像一代，而这也正是后来者的幸运吧，如果一代酷似一代，那反倒麻烦了。古人说天不变道亦不变，今天我们说天在变，道也自然在变了。



# 读不懂的秋瑾



老家绍兴，现在连我女儿都愿说她是绍兴人，这像我三十年前，填籍贯时愿在杭州和绍兴之间选择后者。我想这大概是属于血脉里的一些东西，比如说年轻时好讽人，在挖苦别人的同时也不忘时时挖苦自己，为人又有点中庸的个性……凡此种种，于我，不知算不算是与生俱来的。

那时舅舅家离秋瑾故居才三分钟的路，所以常会去那里转转，那是在过年的时候。那时我总觉得过年是一件很孤独很无奈的事情，就像穿行在绍兴城里那狭长的弄堂里。那时也知道“秋风秋雨愁煞人”的名句，然后走到轩亭口也会默想一下，想到鲁迅先生的《药》。后来知道谢晋导演的同名故事片，好像是李秀明演的秋瑾，总觉得跟张瑜演小凤仙是一路的感觉——形神皆不像。至于说要怎么才像，我也说不出个谱来。

读不懂的秋瑾，就像愁煞了的秋风秋雨。

如果说我与秋瑾有什么相似点，那就是我们都不算是生在绍兴的绍兴人。她是生在福建的，因为其父在那里做官，后又随父到了湖南，18 岁时嫁给湘人王延钧（王子芳），三年中生下一儿一女，过的也是平常日子。这个时候谁也想不到，她后来会轰轰烈烈。

持剑的秋瑾

丈夫爱做官，这是男人不错的一条出路，自古皆然。好多人避而不谈当官的好处，只说为民服务或实现理想，我以为只说对了一半（即使他们真能做到）。今天有所谓跑官之说，而以前呢，则有捐官之说，可用钱来买个官当当（今天也还有）。秋瑾老公后来谋到一个京官，秋瑾便随丈夫到了北京，时年为 1895 年，《马关条约》订立不久，中国风雨飘摇。在那里秋瑾开始接触进步报刊，观念大变，同时与丈夫的关系也冷淡起来了。这跟她与吴芝瑛的认识有直接关系。吴大她 7 岁，吴的丈夫和秋瑾的老公同为清廷官员，两家住得很近，又都是官太太，所以颇为投缘，后来结成金兰之好。

京城总是藏龙卧虎，江南女子一到京城，观念和行为就大变样了。正如今天，LV 虽然为女子所爱，但国事也是女子可谈论可参与的。本来男人之间结拜兄弟是很正常的，而女子间则较为罕见，那一定是心有某种灵犀。秋瑾向吴芝英倾述心事，吴支持秋瑾跟丈夫分居，并赠秋瑾一联：“貌合神离，有距离难成眷属；同床异梦，无缘分何必夫妻。”

一个成功女子的背后，必然有一群助阵的男子，而一个很“作”的女子背后，又至少有一个投缘的小姐妹在支持。秋瑾就是那个时代的作女，不是对丈夫小作作，而是要与时代一并风雨大作。世纪之初，最为流行的事情就是出国留洋。当时日本欺侮我们，让我们受辱，但是国人对日本倒有一个清醒的认识，所以那个时候的出国，绝大多数都是去日本，去那里学习先进的思想和技能。苏曼殊、李叔同、鲁迅、郁达夫、郭沫若，无一例外！

1904 年，秋瑾女扮男装，东渡日本，吴芝瑛又倾囊资助，并在北京陶然亭为她饯行，并赠一联：“驹隙光阴，聚无一载；风流云散，天各一方。”

吴芝瑛、秋瑾再加上一个徐自华，三个奇女子，一段佳话。

老照片中的秋瑾墓

这个时候我们不知道秋瑾的老公在忙些什么。秋瑾和他，说分居可能更确切吧。至于说正式离婚，好像没有这样的手续。一个女子，为何如此热血澎湃，为何抛家别子，好像还是没有更好的解释。

要解释就是她的理想。她的救国救民的理想，这理想让秋瑾全无脂粉气。

到日本后，秋瑾恶补日语，并跟如下名人成为好友，他们是黄兴、陈天华、陈其美、陶成章、张静江等——这些可都是中华民国的牛人啊。

物以类聚，人以群分。鲁迅和郭沫若都是先去学医，后来弃医从文。文也好医也好，那都是一门技能吧，特别是理工之类的，而秋瑾学到的就是两个字——革命。当时中国革命的基地，确切地说反清的基地就是在日本。从日本回国后秋瑾便直接参与革命活动。当时绍兴的大通学堂，就是一基地组织所在地，即光复会的训练基地。100 年前的 1907 年，徐锡麟在安徽起事，本来计划是秋瑾在浙江响应的，当时徐锡麟开枪打死安徽巡抚恩铭（这一情节在电视剧《走向共和》中也有），秋瑾听到消息来不及组织。她是仓促响应，于是起义失败，秋瑾被捕。除了在狱中写下“秋风秋雨愁煞人”的名句之外，我们也知道她的绝命诗是——

莽莽神州慨胯沉，救时无计愧偷生；
抟沙有愿兴亡禁，博浪无稚击暴秦。
国破方知人种贱，义高不碍客囊贫；
经营恨未酬同志，把剑悲歌涕泪横。

2007 年距秋瑾在绍兴轩亭口就义，刚好是 100 年！秋瑾死时才 33 岁！今天这个年纪的女子，好多还在为婚恋发愁呢，那也是另一种秋风秋雨愁煞人啊！

老照片中的秋瑾墓

杭州孤山秋瑾墓亭

国破方知人种贱，这是秋瑾当时的观点，我们在此不再评述了，但这么一句刻骨铭心之语，看得出秋瑾当时的心是在流血的。至少我们可以知道，百年之前，仁人志士，包括育有一子一女的这样一个家庭妇女，这样一个官太太，还在为革命赴汤蹈火，这是何等的气概啊。要说妇女解放，这难道不是一种解放吗？

秋瑾死后，她的生前好友徐自华、吴芝瑛冒着杀头的危险，把她的忠骨收葬在杭州西湖的西泠桥畔。因为秋瑾和徐自华同游西湖时曾经说过这样的话："如果我死后真能埋骨于此，那可是福分太大了。"后来秋瑾的儿子王沅德将她的遗骨取出，归葬王氏祖籍湖南湘潭。注意，当年秋瑾的老爹做的就是湘潭的县太爷。1912 年，辛亥革命胜利，革命党人复将她的遗骨移回西湖孤山，隆重再葬。为此，徐自华曾作《西泠重兴秋社并建风雨亭记》一文，如下——

呜呼！风风雨雨，当年之殉义堪怜；烈烈轰轰，此日之英名永著。感承光复，益悼前徽，树之风声，能无有事？此自华所以于秋瑾之烈，思之又重思之，而不容不力为表阐也。

盖当瑾之殉，华尝卜地西泠，为结秋社，营墓，立碑建亭，藉资凭吊，乃触虏廷之忌，徇宵人之请，遽令伪抚增韫，立时毁损，亦可悲也。

顷者革命功成，共和愿遂，凡诸往烈，咸与表彰，而如瑾者，俊伟激发，尤吾女界之光，可无念乎？爰特布告同志，募集资财，谨择良日，就昔墓地，重建一亭，名曰"风雨"，以期永久，并就亭旁刘氏伪祠，改号秋社，奉君栗主，春秋祠社。其他女侠，凡殉烈于革命之役者，均与列焉。九原有灵，庶无憾乎！

1912 年，孙中山为秋瑾题写"巾帼英雄"。今天西湖边的名人墓中，我以为唯秋瑾之墓最为气派和脱俗，而苏小小墓最俗不可耐！

只是据人记载，某展览馆曾披露秋瑾墓的“迁徙”数次，看后令人感慨啊！现拷贝如下——

始葬：1907年7月15日，绍兴府城卧龙山西北麓。

首迁：1907年10月，迁往绍兴常禧门外严家潭。

二迁：1908年2月迁葬于杭州西泠桥西侧。

三迁：1908年12月1日，因御史常徽“告发”，被迫迁葬回绍兴城外严家潭。

四迁：1909年秋，远迁湖南湘潭昭山，与王子芳（秋瑾丈夫）合葬。

五迁：1912年夏，迁葬湖南长沙岳麓山。

六迁：1913年秋，还葬杭州西湖西泠桥西侧原葬处。

七迁：1964年，迁葬杭州西湖鸡笼山。

八迁：1965年初，由杭州鸡笼山迁回西泠桥原葬处，改为圆丘墓，墓表石刻冯玉祥题联：“丹心已结平权果；碧血常开革命花”。

九迁：1966年“文革”动乱发生，墓被拆除，遗骸再葬于杭州鸡笼山。

十迁：1981年10月，还葬于西湖孤山西北麓，西泠桥南堍。墓顶设汉白玉雕像。

在这里要记住1908年和1964年和1966年的这三次。

1908年，那是清廷做的事情。1964年，山雨欲来风满楼了，不要说秋瑾这样的女侠，地上地下的“牛鬼蛇神”通通惴惴不安了。1966年，那就一言难尽了。杭州鸡笼山，我也只在地图上看到过。好在秋瑾名气大，那些名气较小的烈士，则没有再迁到西泠桥边。苏小小虽不是烈士，但名气甚大，旅游拉动等原因，也得以再迁了回来。而秋瑾墓的十迁，也堪称吉尼斯纪录了。

秋瑾放在西湖，让西湖少了一点脂粉气，多了一点侠气，而西湖和杭州，也对得起这样的一位女杰！

2003年，某系统开展“西湖十大佳人”的评选活动，起初候选人中有秋瑾，为此也还争论过一番，后来秋瑾的后代站出来说话，说把秋瑾跟苏小小、白娘子等并列，那是对英雄的污辱，遂将秋瑾从候选名单中删去。后来当选的“西湖十大佳人”是西施、白娘子、祝英台、李清照、李慧娘、王朝云、苏小小、方百花、琴操和花魁女，基本是传说和文学类人物，其中方百花是方腊起义中的女将，见于一些传说故事。

不是佳人，而是巾帼英雄，这样能说服我吗？说服不了！

正如我也读不懂秋瑾一样。

比如我能够读懂秋瑾的老公的行为逻辑，能读懂徐自华、吴芝瑛的行为逻辑，但对于这位女侠，总感觉还是像天上掉下来一样，可能她是那个时代的另类女子吧。今天的女子，为追刘德华都可以闹出不少的响动来，这还真是一代不如一代啊。

我这观点有点像九斤老太了！

不过换句话说，一代不如一代，可以换作一代不像一代，而这也正是后来者的幸运吧，如果一代酷似一代，那反倒麻烦了。古人说天不变道亦不变，今天我们说天在变，道也自然在变了。

今天的女子们在西湖边踏春，春暖花开，裙子张开——这个时候抬头看秋瑾，咔嚓咔嚓拍几张照片回去，在电脑上看看修修，QQ 上聊聊天，这样的日子岂不是很好吗？

一百年了，国破方知人种贱，秋风秋雨愁煞人。

一百年了，我们不会承认国破方知人种贱这种说法的，但秋风秋雨真的是依然愁煞人的。

蝶仙曾经对女儿小翠说："我早想造一个桃源乐境，等太平之后，就从蝶庄边的空地入手，左右都有余地可买，实行孟老夫子的五亩之宅，再种些番薯备荒。我又有地在玉皇山莲花峰下，只要你高兴这个，我也能做灌园叟。"





# 姓陈的蝴蝶

文人经商，自古有之，只是成功的不多。文人经商，一般容易被叫做儒商。

史量才办申报等实业，严格意义上说，还不是文人经商，因为史本人早年虽然也写稿子的，但一旦做了申报的经理，其志不在舞文弄墨，其志是在经营，所以从严格意义上说，他是今天报社的社长董事长，而并非总编总经理。

邵洵美办书店和印刷厂，也还是可以理解。就像今天喜欢喝茶的想开个茶馆，爱书的人想开个小书店——大约还属于小资的梦想。不过邵洵美不是小资，他是大资，他可以玩文学玩出版，虽然赔了老本，但总算青史上留了名。

文人经商，近百年来，成功的例子有一个，即生于1879年的陈蝶仙。陈又名天虚我生，真名为陈栩，也是栩栩化蝶之意，杭州人氏。他自己的介绍是——

生为月湖公第三子，钱塘优附贡生，两荐不第，而科举废，遂以劳工终其身。夙擅诗文词曲，而不自矜。生平但以正心诚意，必忠必信为天职。凡事与物，莫不欲穷其理以尽其知，故多艺，然不为世用，因自号天虚我生。

他还是鸳鸯蝴蝶派一著名的成员，与周瘦鹃等齐名并称。所谓鸳鸯蝴蝶的叫法，出自鲁迅的话“相悦相恋，分拆不开，柳荫花下，象一对蝴蝶，一双鸳鸯”——这在今天看来也如歌词一样美。鲁迅原来之意，是含讽刺意思的，不过据周瘦鹃先生本人讲，他是很喜欢这样的评价的。

具体呢，又有刘半农先生给他们归纳了，刘先生说：“我不懂何以民国以来，小说家爱以鸳鸯蝴蝶作为笔名。自从陈蝶仙开了头，就有许瘦蝶，朱鸳雏、闻野鹤、周瘦鹃、严独鹤、秦瘦鸥、网珠生、张秋虫等人继之，总在禽鸟昆虫中打滚。”

这跟今天文青们的博客名颇为相似，好像还是非常女性化的。男人女性化，或者用今天的话来说，人类中性化，还是颇能得到一批粉丝们的青睐的。像郭敬明，说话都细声细气的，也是特征之一。

鲁迅先生对这帮人是看不惯的，他曾跟叶灵凤有过笔战。叶老兄说，“起身后我便将十二枚铜元从旧货摊上买来的一册《呐喊》撕下三页到露台上去大便。”——这可真是恶毒啊。

先生则说，“还有最彻底的革命文学家叶灵凤先生，他描写革命家，彻底到每次上茅厕时候都用我的《呐喊》去揩屁股，现在却竟会莫名其妙的跟在所谓民族主义文学家屁股后面了。”

陈蝶仙大约没有工夫来打笔战，他在100年前的1907年，就写出了他的成名作。跟今天的文青们一样，陈蝶仙也是报人出身，他先后在杭州和上海主持过《大观报》、《著作林》、《游戏杂志》、《申报》副刊《自由谈》。注意，这里既有给老板打工的，也有自己创业的。而像《申报》副刊《自由谈》，曾经是鸳鸯蝴蝶派的一个大本营。当然他也发其他派的文章，否则《申报》就不叫《申报》了。当年的编辑本来就都是写手，特别是副刊的编辑。所谓的长篇，也都是在报纸上连载出来的，一边写一边发，这样才有和读者的互动，自己写起来也有动力。考察民国时期的小说，特别是鸳鸯蝴蝶派的，当时差不多都是在报纸上连载出来的。所以那个时候，基本是文人办报。而文人办报，也得学会两手抓两手都要硬，一是要会写，二是要会挣钱，而这两者又都是相辅相成的。所以说如果你有钱，那你先去办一张报纸试试看，然后再在报纸上发表自己的小说。

而陈蝶仙的文学天才，在他少年时期就展露出来了。他在15岁时，就

无敌牌牙粉商标

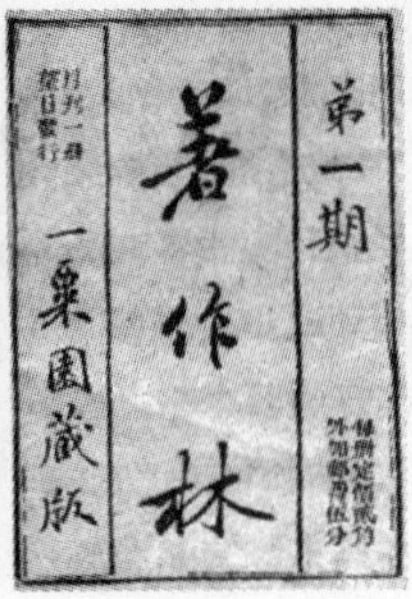


《著作林》创刊号

写出了一部长篇弹词《桃花影》，据称这部作品是从《红楼梦》的情节发展开来的。他后来的小说，也大受曹雪芹的影响。在20岁之前，他已经写出了20部作品。陈蝶仙是著作等身之人，一生著述甚丰，截至1923年，他已经发表7部传奇、9个话剧、2篇弹词、31部小说，外加大量其他作品，这里还不包括他为报纸和杂志写的众多文章。除了小说，他的诗歌也有不少，跟小说的主题一样，也是写爱情的，其中有不少自己生活经历的影子。

要知道那是一个报业革命、新文化运动的时期，正如今天是多媒体革命和信息爆炸的时代啊。

陈蝶仙经商的最大成就，就是自创了“无敌牌擦面牙粉”，关于这一点，补白大家郑逸梅（也是一只蝴蝶）有较为详尽的记述。晚清民初的文人文事，我们现在基本是靠郑逸梅和包天笑这两只蝴蝶的回忆录。在此我不妨做一回文抄公，郑老说——

蝶仙具有科学头脑，声光化电都了解一些，对生活有关的事物，更言之成理。因此《自由谈》中，经常有常识性的小文章披罗其间。但读者觉得不够餍足，纷请别辟一《常识》专栏。馆方遵读者的意见，竟辟《常识》一副刊，也由蝶仙主持，与《自由谈》并行不悖。此后又刊《家庭常识》单行本，凡若干册。这时，蝶仙有鉴于日本的狮子牌与金刚石牙粉垄断市场，他想到当时的老友何公旦任慈溪县知事，他往访公旦。二人在文昌阁命酒赋诗，见海滩上白皑皑的乌贼鱼骨，一片数十里，触目皆是。原来乌贼乘潮上下，及初冬潮落，乌贼被海水卷打在滩头，不得回海，日晒既久，鱼体腐烂，便留下这些骨头。这骨头，一名海螵蛸，有磨齿作用。蝶仙即利用废物，和他的夫人子女一起动手，试制牙粉，居然成绩甚佳，且配合

陈小翠的画

其他药料，可以擦面美容，定名为无敌牌擦面牙粉。有袋装，有匣装，绘有彩色蝴蝶，甚为美观。“无敌”无非为：“蝴蝶”之谐声，各处寄售，畅销市场。局面开展，乃登报招股，成为有限公司……

陈蝶仙的厉害之处，在于他用这国产的东西打败了日本产品，当时非常流行的是日本产品——金刚石牙粉。大家抵制日货，所以日本佬要报复陈蝶仙，日军入侵上海时，陈蝶仙的工厂被日军所毁。据说，陈的工厂兴盛时，工人有 2000 多人，民族工业啊！

除了上海的蝴蝶牌，陈还在无锡、杭州开设造纸厂、改良手工造纸厂（附设印刷厂、制盒厂），及蛤油、蚊香、薄荷油等日用化学品制厂等。1930 年创办并主编《上海机制国货联合会会刊》，提倡国货。上海的总厂被炸毁后，部分企业迁到了湖北宜昌和四川重庆，并在云南昆明筹建牙粉厂。

蝶仙具有科学头脑，更具有人文头脑。他在编杂志时，就注重科学知识的普及，尤其是重化学知识。后来他编《女子世界》杂志，就主要让妻子来做，因为读者多数是女性，所以得懂女性之心理需要。我想这《女子世界》就好比是今天的《女友》一类的杂志吧。

所以姓陈的蝴蝶不是小搞搞。他当年甚至还搞过文学函授的事情，把学员的原作和修改后的作品一齐刊印出来，对人的确有益处，而他呢也赚了卖书的钱，的确是生财有道啊。

陈蝶仙的另一个厉害之处，在于他干脆将他的孩子取名为小蝶。现在我们知道其儿陈定山又叫陈小蝶，其女名陈小翠，俩人后来皆有大成就。陈小蝶的小说和陈小翠的诗歌，特别是后者，在今天得到了极高的评价。陈定山的小说和书画成就皆不亚于父亲，当年蝶仙和小蝶，就有大小仲马之称。父子父女皆成大家的不太多，除非我们追溯到苏氏三杰。

这位陈蝶仙呢，还干脆在杭州建起了蝶庄，在今天这些美轮美奂的名字都成了美食场所了。而陈蝶仙自己的言情小说，竟然过百部，最为著名的是《泪珠缘》、《鸳鸯血》、《娇樱记》、《丽绡记》、《黄金祟》、《玉田恨史》、《不了缘》等。他还写过《胡雪岩外传》，据说杭州修复胡的故居，主要依据的就是他的版本中的描述。因为他本人跟胡雪岩，多少还搭得上一点亲戚关系。要知道他才活了 60 出头。据说他临终前曾为自己写好了墓联："未必频年两祭扫，何妨胜日一登临。"

蝶仙曾经对女儿小翠说："我早想造一个桃源乐境，等太平之后，就从蝶庄边的空地入手，左右都有余地可买，实行孟老夫子的五亩之宅，再种些番薯备荒。我又有地在玉皇山莲花峰下，只要你高兴这个，我也能做灌园叟。"

陈蝶仙何等洒脱地走了，可惜未能做成灌园叟，也未能建成桃源乐境。

而他的儿子陈小蝶不仅文才好，而且也能办实业，曾在杭州办蝶来饭店，当年大明星胡蝶徐来亲赴杭州为其开业捧场，"蝶来"之名也真是名副其实。蝶来饭店坐落在栖霞岭南麓的低坡上，朝南的店门隔着马路对冲西泠桥，当时的风格是中西合璧式的，曾有豪华的舞厅。虽然只有 28 个房间，来的却都是要人。蒋介石父子来过；陈布雷也来过，且从南京到杭州来自杀，就预先住在这个饭店里的。1955 年，政府在原址建杭州饭店，即今天的香格里拉饭店，此"蝶来"便从此消失在西湖边了。

小蝶的妹妹陈小翠是早慧之人，据说 13 岁就写出《东方》的诗句——

绿杨阴护竹篱笆，小队筠笼唱采茶。
底事东风欠公道，春愁偏送到儿家。

而且陈小翠还独爱杭州西溪，作诗多篇。曾有"何当作作东西宅，各领名山五百年"之句，颇为大气。

陈小翠是陈蝶仙之掌上明珠。她的中国画的水平也是超一流的，只是婚姻生活似也不和谐，她曾与诗人顾佛影相爱，但未能获得父亲蝶仙的同意，可能觉得还不够门当户对吧。所以有人说陈蝶仙等一批鸳鸯蝴蝶之作品，虽然都讲一个情字，也是反封建的主题，但其实还是留着一条封建的尾巴的。这也正常，都是常人嘛。小翠后来嫁给浙江都督汤寿潜的孙子汤念耆，生有一女汤翠雏，不久俩人就分居了。女儿后来赴法国。顾佛影后来也另娶他人，但小翠跟他仍有诗书来往，且不避他人。在非常时候，顾怕连累小翠，将所有书信即付之一炬。

1949 年之后的陈小翠，是上海画院的画家。

只是小翠的结局非常悲惨。1968 年在史无前例的轰轰烈烈当中，她不堪受辱打开煤气中毒身亡。而其兄陈小蝶，在台湾倒能安度晚年。

陈家三蝶，翩翩欲飞啊！天虚我生？天生仙蝶也！

有人曾评价陈家三蝶的诗艺，说老蝶不如小蝶，小蝶不如小翠。

远在台湾的陈小蝶晚年曾让他的义子把他的画作捐献给杭州博物馆，这算是另一种形式的叶落归根了。

另，香港有一老词人叫陈蝶衣，于 2007 年 10 月离世，享年 99 岁，他是华语界公认的歌词大王，也是著名指挥家陈燮阳的父亲，他为邓丽君、罗文等写过歌词，但这只姓陈的蝴蝶，跟陈蝶仙却没有关系。

只是在杭州，所谓的蝶庄是找不到了，而胡雪岩故居却非常红火。

女主人双眼含泪，她用手摩挲着一砖一木，然后扑在了男主人的怀里，镜头从秋水的眼睛摇向了门外西湖的一片波光……





# 秋水尚在，伊人却不见了

西湖北山路的秋水山庄，每次路过我都会想这么一个问题——这别墅的主人沈秋水到底长什么样子呢？继而就会想到，现在这房子到底值多少钱，5000万还是1个亿？这样的问题当然没什么标准答案。我也找过不少有关沈秋水和史量才的照片，但只见男人未见女色；而这西湖北山路上别墅的价格，唯天价两个字也不能概括。所以如果往深处想，我如此关注秋水山庄和它主人的命运，概括起来说似乎也还是财色二字。纵观民国以来中国文人的情爱生活，谁又能逃脱财色二字呢？

“把那张申报纸拿来！”我小的时候还听到大人这样说话的。然而我是直到前些年才知道“申报纸”原来就是指上海的《申报》，那时候就用这“申报纸”指代一切的报纸了。

要说《申报》必然要说史量才，要说史量才又得说沈秋水，这是很难用几百字讲得清楚的故事，如果要讲甚至可以在百家讲坛讲上半个月的。但如果从秋水山庄说起的话，那就可用倒叙的方式。这沈秋水原是清末上海滩的一名艺妓，名慧芝，后被镇江军阀陶骏保看中，陶身携10万巨款，欲为其赎身，但巧的是陶遭暗杀，说是巨款就落到了慧芝手里。慧芝后来遇各式男人，最终跟定了史量才，并顺理成章地洗掉了手中的“黑钱”，史量才也得以买下了申报，从此开创了中国报业的黄金时代。史量才在遇秋水之前，已有原配夫人庞氏。后来在上海的史公馆建成之后，史量才倒是能让庞氏和秋水同居一馆，据说秋水和庞氏都能克己相容。庞氏已育有一子，秋水偏偏无出。当时后院安宁，前台的戏也唱得相当闹猛，史量才也已俨然成了上海乃至中国报业的老大，其资本经营已进入银行、工厂、学校，报业也做成了托拉斯。然而后院终于起火，原因是史量才在外面又有了一个叫李思纯的女生，且这个女生已经为史生下了一女儿。

秋水没有孩子，她本来把庞氏的孩子当作自己的孩子，那孩子管她叫亲妈，管庞氏叫好妈。但是再怎么样的叫法，于秋水的心中自然是别有一番滋味在心头的。当时在史公馆，秋水的地位相当于一个家庭的总理，管理着一个有几十个佣人的家庭，而庞氏则是养花弄草，修身养性而已。现在史量才在外面又有了女人，那似乎意味着她秋水的地位要跟庞氏相仿了，何况这个时候正室有子、外室有女，她则是孤单一人！本是风尘中人，以为找到了终身可依托之人，她把所有的情感包括金钱和社会关系都给了这个男人，这个男人也的确非常能干，但是在女人问题上，最为能干的男人，也会一次次地跌倒在石榴裙下。这其实也就是我所要关注的，即一个男人，无论其为旧式还是新式，特别是民国时期的一些文人墨客，他们既有十分新潮且十分物质化的一面。又有很旧式的一面。因此他们即使脱掉了长袍马褂，剪掉了辫子，但就其情感生活来说，他们的那个茶壶似乎总要去寻找新的茶杯，旧茶去了，新茶又来。旧茶不能丢弃，但也只有收藏价值了。

说史量才能干，那是指他击败了几乎所有的竞争对手，成了报业老大，而且他坚持独立办报，不要官府的银子，为的就是不让官府来审查自己的报纸，这也为他后来屡屡得罪要人并遭暗杀埋下了伏笔。一个坚持无党无派之人，总会受到党派的“眷顾”。何况在当时，史量才不仅仅是一个报人，他更是一实业家，是那个社会精英分子的中坚力量。

说史量才能干，是因为他既有工商实力，又有社会信誉，同时又掌握了舆论工具，这是当局者最为害怕的。至少那些军阀政客们，还不敢公开撕破脸皮霸王硬上弓的。

说史量才能干，是指他安抚秋水的方式，既然秋水在上海已经受了刺激，史量才于是就在距西湖才十来步之遥的葛岭山麓买下地皮造了一座以秋水命名的别墅。

老照片上的新新饭店

山庄隶属饭店，所以才会有如此一景



如此强大的物质力量，并由物质升华为精神，在男女两情相悦时，实际上不会为人瞩目，也好像没有多少功利性。而当情感已经有所破裂时，男主人千金买一笑的行为，仍然能打动不少痴心女子的心。千金一笑，当时的史量才已经有这样的实力了。然而这一别墅比起他在上海的史公馆，比起他的整体经济实力来说，仍是属于小菜一碟的，但是他会这样用心去做，表明他对秋水仍然是有情感的，而且又能做得很是巧妙。比起原配和那个女生，就史量才来说，生命中最为重要的仍然是这个叫沈秋水的女人。抛去情感因素不说，就物质因素来说，是沈秋水的巨资，才让史量才有了盘买申报的启动资金。而且在众多的达官贵人中，沈秋水毫不犹豫地选择了史量才作为终身依靠，虽然是小老婆的角色，但仍是义无反顾。也可能人们会习惯地说，婊子无情戏子无义，但是当这世界上有一个婊子有情一个戏子有义时，这人生的戏剧也就因此而精彩了。

何况，秋水遇量才之后，她也成功地完成了转型。她给史带去了第一桶金，而凭史量才的能干，他从报业起家后就四处开花了。我们现在也可以设想，如果史量才仅仅是实业家生意人，那么他后来的生命就不会戛然而止。一个实业家又掌握了媒体，他要发出自己的声音，这就对党国构成了威胁，我以为这是他遭暗杀的深层次原因。

至于究竟得罪了哪一个人，是谁下的暗杀令，这在今天还是悬案。坊间虽有多种猜测，说是蒋介石下令戴笠做的事情，但这基本还是在演义的水准上。中国好像没有所谓档案解密一说，而所谓的悬案更无法解密了。

这也就是史量才的宿命。此前已有黄远生、邵飘萍和林白水，他们都是最为优秀的新闻人。这些命案的制造者，倒都已经一清二楚了。而史量才，不只是一个新闻人那么简单。

住进秋水山庄的沈秋水像一叶扁舟，终于回到了港湾。然而期待中的

新新饭店，胡适住过的房间现在很昂贵了

秋水山庄

幸福并未因一座别墅的建造而真正降临。现在只能这么说，史量才与沈秋水的最后一夜是在秋水山庄度过的。一家人在回上海至海宁途中，遭枪手伏击，史遇难，司机及史量才儿子的同学也遇难，而史的儿子、秋水和其侄女得以逃脱。史的儿子是当时之江大学的学生，说是跑步飞快，他是第一个跑脱出去告诉人家出凶杀案了。注意，当时史已经有防弹车，但出事那天防弹车却在上海"掩人耳目"，保镖也已坐火车回上海，本来他是想自己悄悄回上海的，谁知还是不能躲过劫难。

一个男人把一座别墅给了一个女人，一个女人把她的一生给了一个男人。这个男人走了之后，这座别墅也成了一座空宅。沈秋水慈悲为怀，将别墅用作慈善事业，将之改成了一座尚贤妇孺医院，最后干脆捐给了上海育婴堂。她自己则搬出别墅，躲进一小楼吃素念斋，终日与青灯香烛为伴了。1956 年沈秋水在杭州去世，葬于南山公墓，而非葬于杭州天马山麓的史量才墓侧，据说这也是她的遗愿，不愿再到"阴间"去做"小"了。而史量才之墓，算是杭州名人墓中规模最大的一座了，曾被盗墓者炸开过墓道，但据说未盗走什么。

后来，秋水山庄隶属于新新饭店。新新饭店是胡适之等人来杭州时的下榻之处，据说经改造之后，其住过的房间的房价都在两千元以上了。而秋水山庄也辟出了一些客房。

秋水山庄，秋水伊人。如今秋水尚在，伊人却不见了。2006 年夏末秋初的一天，我在这个别墅里流连，从幽静的别墅的大门朝外面看，西湖依然水光潋滟，然而那一辆接一辆驶过的汽车，把我带回到了今天，我甚至能听汽车里那些红男绿女的调笑之声，那么我又可以说——伊人尚在，秋水却不见了。

我听到了大雪落在地上的声音——我现在想到了——那不可正是自己的脚步和心跳吗？想到这一点，是不是会想到大师的那四个字呢——悲欣交集！





# 我听到了大雪落在地上的声音

20年前的一个大雪天，我去虎跑看弘一法师。80年前的一个大雪天，李叔同到虎跑寺断食辟谷。这相隔一个甲子的两场大雪，它们之间有什么必然联系吗？20年前的那个雪天里，我是去虎跑参加一次招聘考试，是踏雪寻访，其中有一项就是要写一篇有关弘一法师塑像落成的文字。今天我所在单位的一些同事，也就是当年考进这个单位的，只是我名落孙山。那一天我回学校时鞋子全湿了，晚上我们那路的公交车也都不通了。我走在雪地里，大约走了十多里地的雪路，我听到了大雪落在地上的声音。而80年前的那个雪天里，李叔同走出他所任教的那个学校时，一定也是听到了雪落在地上的声音。

或者，他是已经听不到雪的声音了。

西湖少雪，杭州多情。一旦西湖多雪，杭州的情就会浓得化不开了。这20年来，我依然没有读懂过大师，只听一研究现代书法的人说过，李叔同出家后的书法，依然有尘世的影子。我问，何为尘世的影子？答曰：从他的字中可以看到好多的松林。

玄！

我原先印象中的李叔同，风流倜傥，什么艳福没有享过呢！2007年是

李叔同

中国话剧一百年的纪念，如要说起这一点，肯定要提大师当年演的话剧版《茶花女》，这似乎尚有残存的剧照放在纪念馆里的。听说最近还找到了当年春柳社成立时的演出海报。除了排戏，他还画画，后来成为他正式婚姻之外的女朋友春山淑子，就是他在日本学艺时替他做过模特的。画家爱上女模特，照理说也没有什么新的套路了，但是李叔同在此之前，在老家曾有一原配夫人俞氏，并为他生育二子。我最近看不少民国名人的故事，就其婚姻情况，基本是妻妾同室的，即一边是原配，一边是新潮的女生。这可能是那个时代的烙印吧，这种模式也可说一半是海水，一半是火焰，要么泡在海水里，要么烧在火焰里。

李叔同是泡过海水也烧过火焰的人。对于他出家的原因，一直以来有一个似是而非的说法，即四个字——看破红尘。如果你照着这个逻辑去想也是可以想通的，什么都玩过了什么都看过了，那就看破红尘呗！可是你想想，想想这百年以来中国的文人和名人，真正能看破红尘抛家别子去当和尚的又有几人呢？所以我以为，看破红尘说说容易做作难，难就难在我们身在红尘，又是多么热爱红尘啊！也有的口头上说看破红尘了，反而要从红尘中攫取更多的功名和财色。所以我以为看破红尘，绝大部分都是嘴上说说的。

看破红尘，就需要有一种比红尘更为强大的精神力量。那个时代的文人，不仅仅是个职业。要说职业，李叔同当时也仅是一中学老师而已，连同夏丏尊等，都是极有品性和修养的文人。在杭州，李叔同一待就是9年，大有一半勾留是此湖的情缘，但即使如此，他出家后还是离开了西湖。想当年，他曾为西湖写了长短句——

看明湖一碧，六桥锁烟水。
塔影参差，有画船自来去。
垂杨柳两行，绿染长堤。

飚晴风，又笛韵悠扬起。

看青山四围高峰南北齐。

山色自空濛，又竹木媚幽姿。

探古洞烟霞，翠扑须眉。

霅暮雨，又钟声林外起。

大好湖山美如此，独擅天然美。

明湖碧无际，又青山绿作堆。

漾晴光潋滟，带雨色幽奇。

靓妆比西子，尽浓淡总相宜。

虽然远不如他的长亭外、古道边，也不如他写西湖的散文，但是他对这片湖山的热爱也已经表现在文字中了，而且连靓妆一词都已经用上了。

李叔同喜欢杭州，跟当时好多文人墨客喜欢西湖是一样的道理，因为这里有一个气场，有一种延续了千年的文脉。或者用今天的话来说，是有一种文化生态，文人墨客在湖边品茗谈艺，西湖又似佳人一个，总有那么好的性情。所以即使做一介书生，李叔同也心淡如水，至少表面上看起来是这样的。特别是我们读到他写西湖的文字之后，真是会被他那种文字打动的，此种文字有张岱之神韵。

且看西湖夜游记——

壬子七月，余重来杭州，客师范学舍。残暑未歇，庭树肇秋，高楼当风，竟夕寂坐。越六日，偕姜、夏二先生游西湖。于时晚晖落红，暮山被紫，游众星散，流萤出林。湖岸风来，轻裾致爽。乃入湖上某亭，命治茗具。又有菱芰，陈粲盈几。短童侍坐，狂客披襟，申眉高谈，乐说旧事。庄谐杂作，继以长啸，林鸟惊飞，残灯不华。起视明湖，莹然一碧；远峰苍苍，若现若隐，颇涉遐想，因忆旧游。曩岁来杭，故旧交集，文子耀斋，田子毅侯，时相过从，辄饮湖上。岁月如流，倏逾九稔。生者流离，逝者不作，坠欢莫拾，酒痕在衣。刘孝标云："魂魄一去，将同秋草。"吾生渺茫，可唏然感矣。漏下三箭，秉烛言归。星辰在天，万籁俱寂，野火暗暗，疑似青磷；垂杨沉沉，有如酣睡。归来篝灯，斗室无寐，秋声如雨，我劳如何？日暝意倦，濡笔记之。

但是为什么李叔同要出家呢？

这似乎已经有一万个答案了，但一万个答案中只有一个答案，那也就只有李叔同自己知道。就像当年，我为什么要在考试完毕之后踏雪回校呢。此景此情，人一旦进入，就会不能自拔，而我相信李先生是认真的。

龙应台有一著名之段子，说内地知识分子饭桌上谈的还是俗事，子女升学、买房子等等。我觉得龙先生的文章不错，但她的不理解其实是隔了一层的缘故，正如我们现在有时还不能理解李叔同为何一去不回头了。

不像曼殊。

曼殊是真性情，李叔同是真认真。所以如果要比较佛学上的高下，那么也唯有认真才有成就。

为何一去不回头？思考这样的问题，还不如多想想他为何要出家，虽然他已经写过《我在西湖出家的经过》，但依我看，仍然是杭州的气场和氛围让先生走进了佛门。从一些记述的文字中，我们可以看到，最早的缘由来自夏丏尊先生。他曾经对李叔同说起过——像我们这样的人是很适合做和尚的。

也许说者无意，听者有心。听者有心，表面上看上去尝试一下治自己失眠症的办法，就是今天，我也听不少人神神叨叨去说起自己辟谷的体验等，而且禅修的词也都提到饭桌上来了，我想来是有道理的。但仅仅是这一点，还不能解释李先生出家的行为。

至于说断食，李先生当年就写过断食日志，后于1947年发表于上海的《觉有情》杂志，现摘录一节——

十二月一日……七时半起床，是日午十一时食粥二盂，紫苏叶二片，豆腐三小方。晚五时食粥二盂，紫苏叶二片，梅一枚。饮冷水三杯，有时混杏仁露，食小橘五枚。午后到寺外运动。

余平日之常课，为晨起冷水擦身，日光浴，睡前热水洗足。自今日起冷水擦身暂停，日光浴时间减短，洗足之热水改为温水，因欲使精神聚定，力避冷热之极端也……

断食的效果非常明显。据他的那些好友说，虽然李先生更瘦了，但是精神却很好，而且饭都有三碗好吃。这是从身体生理的角度来佐证和支持李先生出家的，或者说对于这样认真的一个人来说，他必须先要做一个实验。

后来李先生说了："我虽然在那边只住了半个多月，但心里却是十分愉快，而且对于他们所吃的菜蔬，更是欢喜吃。及回到了学校以后，我就请佣人依照他们那种样的菜煮来吃。”

杭州这么一个地方，适合修身养性，适宜整理思想，适宜起草诸如宪法大纲之类的，而于市民来说，适宜生活。我以为，李先生教书的认真，并不代表他内心认同这一份职业。对湖山的勾留，并不是说心里没有另一片湖山了。

也许从某种境遇上说，在杭州生活，也如同隐居一般。且当时李先生的原配在天津，日本带来的“外室”在上海，他一个人生活，沪杭两地地打来回，只是后来这种来回的频率减慢了。而我们也不能解释，为何不能把这个日本女子带到杭州来生活呢，为何要深藏于上海的小巷之间呢？





杭州是隐居之地，这也是那么多文人墨客喜欢此地的原因之一。且历代文人，民国后多少政要大亨在此购地置业，临着西湖的北山街就是别墅区，如同能看到大海的青岛八大关。当然也有躲在这里要写大作品怀有大抱负的人，所以即使住在庙庵里，对他来说跟住在别墅里是一样的，如作家无名氏。

鲁迅劝郁达夫不要住在杭州，也只有鲁迅才会劝，他更多地是从政治气候的角度来考虑的。但当时王映霞对于新居仍处在兴奋当中，拿着鲁迅的条幅，这个当年的小学老师，她想的跟鲁迅先生是不一样的，甚至跟郁达夫也是不一样的。郁先生在他的风雪茅庐里存了大量的书籍，这个嗜书如命的作家是把杭州当成家和书房的。

鲁迅先生本人也在浙一师（即今天的杭州高级中学，只有这所学校能这么称呼）任教过，现在留下的记述不多，大抵是一段极为郁闷的日子吧。正如在北京的那几年，也是靠抄碑帖过日子的。

而李叔同先生走向虎跑的时候，有多少亲朋好友劝他回头啊。苦海无边，回头是岸，但是在先生看来，他正是在走向彼岸。红尘滚滚，我们只能从红尘的角度去理解。正如我当年走在雪地上，那是因为我觉得那样的体验很新奇，所以即使是有狗叫，我也觉得这狗叫得真是温暖啊！

有不少的传说——传说李叔同的那位外室，名叫春山淑子，她听到消息后即从上海坐火车到杭州来……

要说一说这位春山淑子，她是知道李先生有原配的，但还是不顾家庭的反对而毅然跟着来到了中国。同时她还遵守了李先生跟她的约定，即她不能在公开场合出现。这一点类似于今天的情人角色了，但是这个日本女生却能接受这样的约定。当时李先生在杭州的省立第一师范任教（即今天

悲欣交集，大师的字迹

老照片中的虎跑寺

的杭州高级中学），本来春山淑子是可以跟他去杭州生活的，但李先生宁愿每个周末坐火车回上海去看她。等到她来杭州看他时，他已经在虎跑寺里了。现在可能有人会说，只有日本女人才能做到这样的贤淑，只是爱，却没有身份。不过我在想，中国女人其实也能做到，只是有无这样的必要罢了。虽然李先生是个大师大家，但是在男女之情上，我以为还是要回归到亚当和夏娃这样比较纯粹的状态为好。

再来说一说原配夫人俞氏，从照片中看也是一端庄秀气之人。她是一茶叶商人的女儿，而李先生的父亲则是在天津做盐业的。茶和盐，在当年都是相当重要的生意，如同今天的煤炭和石油。李家和俞家的这一段联姻，自然属于媒妁之言的功劳，后来俞氏给李生了两个儿子。有记载说当李先生在弹贝多芬的《月光》时，她也能在一旁静静倾听的，而且她也初通文字，百家姓都是认得的。一个认识百家姓的旧式女子，要跟一个琴棋书画皆通且对西洋艺术极端狂热的人有共同语言，这可能性是不大的。“我和你没有共同语言！”这是 20 年前离婚题材影视剧的常见台词，在于李先生，他当然不会说这样没水平的话的。他只是在回天津老家的时候，会带着春山淑子的裸体画，挂在他的客厅里。在当时的风气下这自然是一惊世骇俗之事。

同时这也是李叔同对妻子及家人的一种无声的宣言！

80 年前的那场大雪，只是让李先生去虎跑寺断食而已，后来寒假结束后他又回校任教，只是他再也没有回上海和天津。到了放暑假的时候，正当春山淑子满心欢喜地等他回来时，一师的校长给他带来了李先生的一些东西和字据，并且正式告诉她：李先生出家了！

注意，那是等学生们考完试之后，他才做出人生的大决断。一旦做出，就绝不回头了。

春山淑子跑到杭州跪见李先生，但任凭如何的千般柔情，泪如雨飞，李先生都已是铁石心肠了。若干日子后，俞氏也跑到杭州去寻访，但她没能见到自己的夫君。

春山淑子当时不明白，既然日本的和尚是可以带妻室的，那么中国的和尚为什么不可以呢？因此有传说她在寺里哭了十几天，但最后还是在李先生的安排下被遣返日本生活了。其实李先生出家之后，对人也多次提及他在天津家的亲戚，特别是他的两位侄儿，他的两个亲儿子他倒是提及不多。俞氏去世时，家里的亲人也劝他回去看一看，他当时是答应了，但最终还是没有去成。

还有一种版本是说，李叔同出家后见了俞氏却没有见春山淑子。

我最近一次去虎跑看李叔同，是2007年夏天。我对女儿说这是弘一法师的纪念堂，女儿问谁是弘一法师啊，我说就是写“长亭外，古道边，芳草碧连天”的那个人，女儿说这个她知道的。但是她和我，都不知道这个曾经叫李叔同的人，为何成为弘一法师了呢。我只是听一朋友在饭桌边说，有人研究后发现当年李先生去虎跑时，已经得了阳痿症了。





又是一段子也，谈资也。

但是可以相信，在常人看来极其寻常的事情，比如说他那个年代男人的一妻一“妾”制，在李先生来说，却是挣脱不了的精神枷锁。我们只知道他才华绝伦的一面，却读不懂他万念俱灰的一面。正如我们现在不理解40年前人家西方性解放时的那种洪流澎湃，但是对当下国人婚外情的林林总总，我们只是淡然一笑，因为每个人都在摸着石子过河。

其实当年的李叔同也是这样的。在不少传记作家的笔下，他当年在东京的生活仍是一个谜团，传说中的放浪形骸并没有太多的文字支持。然而可以肯定的是，他是第一个吃螃蟹的人，话剧、音乐、油画，这些西方艺术的进入中国，他都是一个桥梁式的人物。但是，从他把春子淑子放在上海这一点上来说，他又是个相当律己之人。如果说要拿他跟同是出家人的曼殊相比的话，我觉得他是一个认真之人。唯认真才能克己。而在不同的生命时期，他都能做到极致，这是极不容易的。

当然光是认真，是不足于解释李叔同的出家的。对此丰子恺先生曾有过精彩的评述——

我认为他的出家是当然的。我以为人的生活，可以分作三层：一是物质生活，二是精神生活，三是灵魂生活。物质生活就是衣食。精神生活就是学术文艺。灵魂生活就是宗教。“人生”就是这样的一个三层楼。懒得（或无力）走楼梯的，就住在第一层，即把物质生活弄得很好，锦衣玉食，尊荣富贵，孝子慈孙，这样就满足了。这也是一种人生观。抱这样的人生观的人，在世间占大多数。其次，高兴（或有力）走楼梯的，就爬上二层楼去玩玩，或者久居在里头。这就是专心学术文艺的人。他们把全力贡献于学问的研究，把全心寄托于文艺的创作和欣赏。这样的人，在世间也很多，即所谓“知识分子”“学者”“艺术家”。还有一种人，“人生欲”很强，脚力很大，对二层楼还不满足，就再走楼梯，爬上三层楼去。这就是宗教徒了。

我们一般的人在一楼和二楼之间抬头看他，好比我们站在阁楼上，觉得他好像不高，但是我们要站到三楼上去，又谈何容易。虽然现在教徒也甚多，但真有宗教精神的，我看还是不多。当然也不妨上去看看，大不了再下来就是了，正如登山，哪有上去不下来的呢？凡事总要进得去出得来才好，一些半生不熟之人，总喜欢说他在三楼了。

由此我们也可以回答龙应台先生的疑惑，在二楼的那些人，经常到一楼来转转，那倒也是常事，何况餐厅厨房一般都是在一楼的。

而李先生就是这么一层一层地走到了第三层，而当年他在日本的生活，他的那种艺术的人生，他曾经用四个字来概括过——放浪无赖。

但即使放浪无赖，他还是能把艺术的种子带了回来。

穿越时空，光阴似水。西湖少雪，杭州多情。

由此我想到文人们在杭州的生活状态——要么你变得跟杭州一样，要么你就离开杭州。不过即使离开了杭州，他们还是喜欢杭州的，否则也不好解释为什么在杭州有那么多的名人墓。

现在我还是常常想起那场大雪，那种在雪夜独走时的兴奋。这兴奋一半是因为我在用另一种方式——走路的方式走向温暖的家，正如那个白天，我去参加了一次招聘考试。我还想起有一学生剧社在排演一出话剧时，就碰到了这么一句台词——我听到了大雪落在地上的声音，然而他们好像无法表现出这样的声音来。

我听到了大雪落在地上的声音——我现在想到了——那不正是自己的脚步和心跳吗？想到这一点，是不是会想到大师的那四个字——悲欣交集呢？

我近来很沉静而大胆，颓唐的气息全没有了，大约得力于一个人的训示。我想二十日以前，一定可以见面了。你的作工的地方，那是当不成问题，我想同在一校无妨，偏要同在一校，管他妈的。



# 两地书：小刺猬致小白象



有一则轶闻说，鲁迅先生身高 1 米 55，许广平身高 1 米 67。于是我便读懂了鲁许的诸多合影，为什么总是鲁站许坐的姿势。看样子男人个矮在任何时代都是有点自卑的，哪怕他是个伟大的作家，我们知道拿破仑在女人面前还时常会踮起脚尖的。

其子周海婴、其孙周令飞个子都算是高的，大概是母亲的基因在起作用吧。

许广平，广东番禺人氏。粤人黑且矮，这是以前我们的印象，但景宋先生却如此健康高大，所以凡事不能带成见。孙文先生孙大炮，个子是不高的，但现在球星易建联们，长成这个样子了，看来粤人的基因也在突变了。

我见过其兄周建人，8 岁时在杭州东坡剧院。那时他是一个大官，时任人大副委员长。我们去合唱一个革命歌曲，或是参加一个什么仪式，当时最大的官即是周建人，他的鼻子下面有一撮胡子。后来看一些照片，觉得老三的个子也是不高的。老二周作人，从照片上看不太好判断，但估计也不会高到哪里去。

海婴出生百日全家照（1930年1月4日于上海）

鲁迅、许广平与海婴

还听说，鲁迅和许广平有时一起上街的时候，他们两人是分开走的，或一前一后，或在马路的一左一右，这让人想起冯骥才的小说《高女人和她的矮丈夫》。这么说不知是不是有一点点不敬？我想以此切入鲁和许的恋情史，或许也是一个点。两人的年龄相差17岁，且鲁迅当时有妻子朱安在家里。朱安，用先生的话来说，是母亲送给他的一个意外礼物，是母亲要讨的一个儿媳妇。时年1906年，朱安虚岁已29岁，鲁迅26岁。

当时这样的例子太多了，胡适之、郭沫若，等等。民国时期的名人婚姻，哪个不是这种媒妁之言的结果？有反抗的，有默默忍受的，于是有了不少的版本。

胡适之最是随遇而安的了，安心地结了婚，并算是白头偕老，但胡先生的花心史这些年也不断被披露出来。伟人也是人嘛，今人只会嘿嘿一笑。

郭沫若的原配，则一直住在老家，“守寡”68年。郭老去世时她也不知道，还是每年给他寄家乡的干菜，等县里的人要来收文物了，要把旧居当纪念馆了，也还是瞒着她的。

鲁迅不一样，他住到北京八道湾时，母亲和朱安、周作人和他的日本太太及孩子，都是在一个大院子里生活的。现在所有的资料都告诉我们，鲁迅和朱安是没有同过房的。鲁迅留日且学医的，他不跟太太同房，自有他的道理。鲁迅之所以不休她，是因为女子为夫家所休是一件很没面子的事情。朱安的面子是保住了，但是其一生的幸福，不，不要说幸福，就是女人最基本的权利她都没能享受到。所以事实上，这个老婆是给鲁迅的母亲娶的，在以后长年的生活中，这婆媳俩的相处倒也是相敬如宾的。

这里有一个插曲，作人建人兄弟俩，娶的恰是信子芳子姐妹俩，俩兄弟娶俩日本的姐妹，这也算是亲上加亲吧。两个媳妇都是日本人，只有朱安是绍兴同乡，这对鲁瑞老太太来说，也是一个说话的伴吧。芳子是15岁时来照顾姐姐生孩子而留在中国的，在绍兴与时年24岁的周建人相识并相恋。只是后来老三在上海跟他在绍兴的学生王小姐同居且生下三个孩子，从而导致婚变。周建人当时要负责两个家庭的开销，压力可想而知。

所以听说周作人对兄对弟的婚恋都是有所腹诽的，觉得他们不够严肃，而他和信子，算是从一而终经受住考验的。至于说鲁迅和周作人兄弟失和，俩书生竟动起手来，这个专家已经考证颇多了，一般责任都推给作人的日本老婆了，我们也没有必要再复述了。但是说周作人的老婆是泼妇等，恐怕也是后人“合理”的猜想而已。最新的说法是信子有抑郁症。文人难断家务事，现在再来说谁是谁非也没有多少意思了。倒是这两个日本姐妹，1949年后，一直生活在北京，直至终老。现在看来，周建人前妻芳子的生活也甚为不幸，其一儿子19岁时在家开枪自杀，是当时的一大新闻。

话说回来。鲁迅和许广平的爱情，一般人都认为是许主动的，因为老师的压力非常之大。其实学生爱上老师，这样的版本也已经屡见不鲜了。比如胡适之的学生那是很容易爱上这位先生的，但胡先生有时只能限于交交“女朋友”这种程度的，因为家里有只母老虎在。时过境迁来看，母老虎的存在，倒是成全了胡成为一个大家，多少像曹珮声这样的，只能是落花流水春去也。包括诗人汪静之在教书的时候，也有过学生投怀送抱这种艳遇。今天我们讲五四，即是思想解放，那也就包括了性的解放。解放解放，女生也不是随便给你解了就能放的。比如汪静之碰到的女生，上了床之后也是要他先离婚，然后方可一起做“夫妻”——这在今天也是天经地义的。只做情人，中国女人在这一百年来，大约还没有做好思想准备和物质准备。

而许广平也是解除了家庭给订的婚约之后才来到北京上学的。从大一起，许广平就听鲁迅的课，且一直坐在第一排的；但直到大三时，才有了交往。这说明两个情况：第一，许广平一开始并不为鲁迅所注意；第二，他们之间年龄也相差17岁。所谓引起注意，不是说鲁迅麻木，而是鲁迅对女生、对爱情多少是有点自卑的。一个思想如此先锋之人，家里有一个无性的妻子，言和行的严重背离，必然会自己看不起自己。一旦看不起自己，便也就对女生不敢有所表示了。

这个时候我们得提到另一姓许的女生许羡苏，绍兴人，许钦文的妹妹，周建人在绍兴教书时的学生。她和鲁迅先生的通信，远比许广平跟鲁迅先生的通信要多。现在一部分人的观点认为她才是鲁迅的女朋友，且她深受鲁瑞老太太的喜欢，还常给老太太织毛线啊，寄信啊什么的。但坚决认为鲁迅没有其他女朋友的学者认为，她只是一个同乡而已，她和鲁迅的交往只是事务上的一些交往。后来许羡苏离开北京的时候，把一大堆信都交给朱安了，只可惜这部分信后来都遗失了。解放后，许羡苏被有关部门请去北京鲁迅旧居，就当年物件的摆设等做一些辨认工作，当时她的身份是中学教师。据一些当事人的回忆，许广平等去鲁迅住处多起来了，许广平主要是替先生去抄稿，于是便有了鲁迅在家里被女生们灌醉的说法，鲁迅在醉态当中作了如下动作，如按了俞芬的头，打了许广平一下，看似比较失态，其实都很正常。

当时许羡苏看到这一情景就离去了，后来她跟许广平说，如此灌酒是会酒精中毒的。她这样讲是出于好意，但是她不知道，许广平当时已经跟鲁迅通信了。鲁迅听说许羡苏如此说，反而是不高兴了。鲁迅在复许广平的信中即提到这事——

第一，酒精中毒是有的，但我并不中毒。即使中毒，也是自己的行为，与别人无干。且夫不佞年届半百，位居讲师，难道连喝酒多少的主见也没有，至于被小娃儿所激私?！这是决不会的。

后面鲁迅先生又说自己没有醉，且母亲对自己的喝酒也并无戒条等，大抵都是在驳许羡苏的话。

看得出来，这是让许羡苏颇为尴尬的，本是好意，但却不被先生接受，而且她当时也不知道先生和许广平的这种通信关系。后来随着许广平等女生来八道湾多起来之后，许羡苏来得就少了。许羡苏当时也是新潮女子，跟同学剪短发而闹出不少风波。鲁迅搬出八道湾之后，她曾住在那里，老太太写信等也都是她代笔的。鲁老太太没有上过学，但后来自学成才，大抵有看信看报的能力了。两个儿子都是大文豪，她也算是近墨者黑了。

而前面提到的俞芬，其妹妹俞芳解放后做过杭州大学附属中学（学军中学）的校长，她也是绍兴人。她曾在回忆录文章中说：“我 8 岁那年，母亲去世了，大我 12 岁的大姐俞芬带着我和小妹俞藻一起到北京读书。到北京后，我们3个住在北京砖塔胡同61号。1923年8月，鲁迅与周作人兄弟关系失和，要分开居住。于是，鲁迅和结发妻子朱安一起搬到了砖塔胡同61号，成为我们三姐妹的邻居。”

于是俞家三姐妹与鲁迅先生一家有了诸多交往。看得出一开始，鲁迅交往的女生以老乡居多。

再来看许广平的文字。许学生在信中如此描绘老师的住处，看得出是很下了工夫的——

归来后的印象，是觉得熄灭了通红的灯光，坐在那间一面满镶玻璃的室中时，是时而听到雨声的淅沥，时而窥月光的清幽，当枣树发叶结实的时候，则领略它的微风振枝，熟果坠地，还有鸡声喔喔，四时不绝。晨夕之间，时或负手在这小天地中徘徊俯仰，盖必大有一种趣味，其味如何，乃一一从缕缕的烟草中曲折的传入无穷的空际，升腾，分散……。是消灭!？是存在!？

后人说，许广平的才华不如萧红等，那只是跟著名的女作家相比，但在那一帮女生中，许广平的才华还是相当出众的。

这里要注意，同是绍兴人的许钦文反倒是通过妹妹的介绍才认识鲁迅的，后来经鲁迅推荐也声名鹊起。那个时候的文坛事实上是有乡亲观念的，而浙江的绍兴的势力实是有半壁江山之多。

许钦文曾邀请鲁迅和许广平去杭州补度蜜月，当时鲁迅对许老乡说，你订一个三人床的房间，你白天尽可以去做事，晚上一定要回来睡中间的那张床——这在今天看来像是个笑话了，但也可以看出鲁迅先生是非常非常在乎许广平和他之间的名分问题的。

在广州中山大学时，许广平的身份是鲁迅的助教助手。同一幢房子，名义上鲁迅住三楼，许广平住二楼。虽有瓜田李下之嫌，但还算是隐蔽着的。

等到上海正式同居后，许广平的身份仍是助手。同居一年多之后，鲁迅介绍许广平时，还是以助手的身份。虽然圈内人早就知道了他们的真实关系。

朱安是妻，且还健在，那么许广平算什么呢？妾吗？那时是有不少妾，名义上的和事实上的，但鲁迅和许广平都不愿承认这一点。两人相爱了，在相爱之始却还要避人耳目，原因就是鲁迅的名气太大了，那个时候就是一面大旗了，而不是在其死后。所以鲁迅得小心翼翼，所以我们要看鲁迅和许广平的《两地书》。

看了《两地书》，如果我再感叹当代人不会写情书那是没有什么意义的。看了《两地书》，我更认同看原作的重要性了，因为此前，包括此后，有多少人说《两地书》的好。我也以为好，但我以为的好跟别人以为的好是不一样的。

大约20多年前，就有老师对我们讲“一棵是枣树，另一棵也是枣树”时说到，鲁迅称许广平为小刺猬，许广平则称鲁迅为小白象，当时身上没有起鸡皮疙瘩，但脑子里还是闪过肉麻一词的。但是当我今天看完《两地书》之后，肉是麻不起来的了。

还有一点要注意，《两地书》在鲁迅先生健在时就公开出版过了，只是出版时涉及到一些敏感之处时，个别人名都改掉了。好在先生心细，他专门抄了一部原稿，拟给海婴当礼物，这样的父爱自然是伟大的。于是我们现在看到的是原信部分，所以也就更为真实了。

所谓真实，谈情说爱如果还作假，那就很无趣了。鲁迅不是这样的人，当然，他喜欢针砭时弊，说人家的不是，这在信中也都很真实，比如说起厦门大学的不是。我估计今天厦大的人大概只把鲁迅来厦大任教当作是一件光荣且骄傲的事情。我在20世纪80年代也去过这个海边的大学，真是漂亮得很，尤其适合游泳和谈恋爱。

还有信中那么多的应酬往来，饭局，说北京的饭局比上海的要多，这在今天也是如此。还有时不时要说一下心中的不满。比如说到废名——“周启明颇昏，不知外事，废名是他荐为大学讲师的，所以无怪攻击我，狗能不为其主人吠乎?”

家事、系事、校事、朋友事、社会事，包括工资待遇问题等，还有自己喝酒吃饭的量、胖瘦等，先生都跟许广平说，这才是最为真实的部分。所以看《两地书》，跟看先生的小说和杂文其实是一样的感觉。再看广平怀孕和生育之后，称海婴为狗屁的种种，一个母亲的心思全出来了。海婴生病看病等，事无巨细，有事必录。还有两位分居两地时，似乎作息时间也无规律，鲁迅是经常睡一觉起来后，有时是凌晨一两点，就给许广平写信了。文人生活的无规律，也可略见一斑。

很好玩。也印证了一句话，无情未必真丈夫。这一对真心相爱的人啊，当年过得也是快乐的！虽然鲁迅不敢休妻，他说是为了母亲，这种内心的隐痛，始终在他心中。《两地书》中，鲁迅写到母亲的篇幅还是不少的。

鲁迅去世后，有关方面去朱安处找先生的遗物时，朱安说过一句很经典的话——我也是先生的遗物！

鲁迅去世时，朱安在北京的宅院里设立灵堂，一身孝服为鲁迅守灵。她多次对人讲："周先生对我不坏，彼此间没有争吵。"据说鲁老太太去世后，她的生活更为困窘了。周作人曾劝她可卖掉鲁迅的藏书来度日，但她似乎没有这么做。面对鲁迅追随者的责问，她说："你们都说要保护周先生的遗产，我也是他遗产的一部分，你们想过我吗？"



朱安还有另一段话，不知出自许寿裳还是谁，此话也甚为经典——我好比是一只蜗牛，从墙底一点一点往上爬，爬得虽慢，总有一天会爬到墙顶的。可是现在我没有办法了，我没有力气爬了，我待他再好，也是没用。

据说，朱安是非常喜欢海婴的，视同己出，这倒是可以理解的。朱安于 1947 年去世，享年 69 岁。



回到小白象致小刺猬的《两地书》，我喜欢鲁迅这样的话——

我近来很沉静而大胆，颓唐的气息全没有了，大约得力于一个人的训示。我想二十日以前，一定可以见面了。你的作工的地方，那是当不成问题，我想同在一校无妨，偏要同在一校，管他妈的。

好就好在终可以在信中说——管他妈的！再看——

小刺猬，我们之相处，实有深因，它们以它们自己的心，来相窥探猜测，那里会明白呢。我到这里一看，更确认我们并不渺小。

这两星期以来，我一点也不颓唐，但此刻遥想小刺猬之采办布帛之类，豫为小小白象经营，实在乖得可怜，这种性质，真是怎么好呢。我应该快到上海，去管住她。（三十日夜一点半）

这才是情书。此种语句比比皆是，不一而足。

而纵观《两地书》，以谈人生谈教育谈苦闷始，以谈琐事谈行程谈细节终——我以为这也是人生和恋爱的真谛。用今天的话来说，一开始先像于丹说论语说庄子一样，到最后就是亲子话题了。

我不想用鸡和鹰的比方来说鲁迅，我赞成一学者所说的，鲁迅和许广平当年离开北京，那是一次伟大而尴尬的私奔。同时我也以为，朱安堪称一个伟大而真实的悲剧人物。我所说的伟大，并不因为她是鲁迅的妻子，而是说像朱安这样的女子，是中国社会制度的一个牺牲品。那个时代那个社会，也处在转型期吧，如果把转型理解成大转弯，那就可以理解了。在大转弯处，总有人转过弯来跟了上去，也总有人被甩了下来。

先生当年的那些女学生，在八道湾先生家时，有没有见过朱安，印象如何，有没有过交流？照理说许羡苏会跟她有很多交流的，可惜我们现在看不到这些文字。

至于说鲁迅先生的论敌之一高长虹，现在可以肯定的是，他曾经暗恋过许广平，仅此而已。今天看来，鲁迅先生当年论战的对手，汉奸大坏蛋的极少，大多也都是文化名人。先生鄙视那些人，比如像徐志摩，这一点也不损志摩之形象的。文人相轻，自古有之；文人抱团，也自古有之。在相轻和抱团之间，你把自己的文章做好，那就是最大的本事了。毕竟光是靠骂人，那不可能成为一代宗师的。先生的小说，先生的随笔，先生对中国小说的研究，还有他收藏的拓片等，至少都是前无古人的。据说先生收藏的6000多张拓片，至今也还无人能整理出来。

鲁迅先生，个子虽矮，精神伟岸，其情之悲之烈，皆在《两地书》。

周氏兄弟，一代文豪，虽失和为敌，但也不影响他们各自的成就。只是他们的后代，至今尚无往来。其中一后辈说，似乎没有必要再往来了。

还是看《两地书》吧，即使儿子出生婆婆妈妈，也如此真实，且看许广平写给鲁迅先生的文字吧——

此时是廿五早上八时，海婴已起来了。昨夜睡得十分安稳，早上醒来也迟，咳不大有了，我想今天还给他包湿毛巾，那么全〔痊〕愈得快些。大便仍未撒，大约肠胃也健壮起来了。今日打算仍照昨天一样吃薄牛奶，旁的东西一概不给他多吃，吵要好东西，也只能由它去了，如此又好起来了，就是好起来的时候要当心，但是你不在旁也一样，你不必挂心好了。

我好的，不要记挂。

春雨楼头尺八箫，何时归看浙江潮？

芒鞋破钵无人识，踏过樱花第几桥？





# 苏曼殊：一切有情，都无挂碍

苏曼殊是男的，方令孺是女的，这是常识。但是你叫他苏曼殊，却又违背了常识，因为苏是其人之姓，而曼殊则是法号。你叫他苏曼殊，就好比叫弘一法师为李弘一，但曼殊就是一非俗非僧不伦不类之人，所以你叫他苏曼殊，这也算是约定俗成，无可厚非的。

苏曼殊原名叫苏戬，戬这个字太难读，所以远不如曼殊来得通俗和易记。

曼殊还有一名，叫元瑛。

演林黛玉的演员出家和去世，顿时成为新闻，那么可见当时李叔同的出家是何等的新闻了。而苏曼殊在寺庙的三进三出，只是人们事后的谈资罢了。

文人中的和尚，和尚中的文人，大约也非弘一和曼殊莫属了。曼殊之墓曾在杭州西湖边的孤山脚下，与秋瑾和苏小小两位为邻，也算是他修来的福气了。但是在那个轰轰烈烈的年代里，先是苏小小墓被毁，后来秋瑾女侠也不能自保了，这一曼殊自然也就无葬身之地了。现在秋瑾之墓早已恢复，小小之墓也于2004年成了一景点，只是这位曼殊先生，目前还只是

僧装的苏曼殊

孤山西泠印社旁的导游牌上的一行字——“苏曼殊墓地遗址”。

就是从今天看来，苏曼殊也具备了所有热门电视剧流行的要素——身世之谜、情爱恩怨、异国飘零、红颜知己、美食主义者，等等，所以在当年，苏曼殊就有“诗僧”“情僧”之称。大众就是爱看一个花心和尚的故事。不要看他写的大多是古体诗，要知道这在当时是风靡一时的。也就是说，100 年前的曼殊，具备了所有的流行元素，就跟今天的“超级女声”和“快乐男声”一样。但是“超女”和“快男”，毕竟是大众文化的产物，还没有把一个偶像推至极致的本事，而文化的积淀也还没有到这个水平。

苏曼殊当年是在上海去世的，但是他的朋友们都要把他葬到杭州来。民国时期的好多名人，包括史量才等，最后的归息地都是在杭州，所以我要说，杭州西湖不仅是思想家整理思想的地方，不仅是文人谈情说爱的地方，也是名人长眠之处。现在有所谓黄金假期，全国人民开着私家车来杭州度假，这看来是有先例的。

所以我也曾经说过，在杭州西湖，那是死人和活人争锋，穷人与富人抢地，这死人当然是有名的死人。民国初年，杭州的公共墓地没有规模也并不规范，所以哪个名人想要葬于何处就是何处，好在现在杭州西湖边的公园纪念馆等都不收门票，那些名人之墓倒也成了一道文化风景。识的人叹一番，不识的人拍一番。至于说搞得恶俗的那些，反正也都是政府行为，且墓说起来又不能随便动的，所以也就枕着一片湖光山色继续恶俗着。

唯苏曼殊不知还在何处飘魂啊！

杭州曾经是曼殊生命中很重要的一个驿站。当年为革命为情事，他都在杭州逗留过，且一生来过十数次。沪杭之间的道路，一定是他最为熟悉的。如杭州的白云禅院。100 年前曼殊就曾经在这里避难会友，这可以他的《住西湖白云禅院》为证：

白云深处拥雷峰，几树寒梅带血红。
斋罢垂垂浑入定，庵前潭影落疏钟。

他也曾画《西湖泛舟图》，送陈独秀先生，以为陈是他的知音。

苏曼殊生于1884年，大约属于百年前的80后，他吸引今人眼球的主要还是他的身世。至于他的作品，就像马一浮的作品一样，谁能看懂呢？郁达夫曾经说：

苏曼殊是一位才子，是一个奇人，然而绝不是大才。天才是有的，灵性是有的，浪漫的气质是很丰富的，可是缺少独创性，缺少雄伟气。他的译诗，比他自作的诗好，他的诗比他的画好，他的画比他的小说好，而他的浪漫气质，由这一种浪漫气质而来的行动风度，比他的一切都要好。

当时达夫说这番话，主要是针对曼殊的粉丝们的。当时胡适之著述白话文学史时，未把曼殊之成就写进去，于是一些粉丝就不满了，达夫先生就说了上述的话，看得出达夫对曼殊的小说最为不屑。其实达夫自己的小说也远不如他的散文和古体诗。

苏曼殊一生著述甚多，诗歌、小说和译文，由于用的基本是文言文，当时甚为流行。因为当时的白话文，就是所谓把话记下来的一种文体，在文学语言中是不登大雅之堂的。施蛰存先生晚年回忆年轻时读曼殊诗歌的情景时说，当时的文艺青年无不风靡苏诗的。正如我小时候手头也有林琴南老先生的译本，好像《茶花女》啊、《黑奴吁天录》等都有，但看不懂啊。我们这代人，批林批孔时才学了几篇法家的文言文，没有一点底子。老师也不能解释蒲松龄的“一狼犬坐于前”。小学语文第一课是毛主席万岁，第二课是共产党万岁，第三课也是万岁，简单得很啊。当然也学一点文言文，比如说愚公移山，好在《毛泽东选集》里还是有不少的寓言典故和成语，这让我们没有成为语言的白痴。

现在我们知道的最有名的一首诗，也最能反映苏曼殊心境的便是这一首——

春雨楼头尺八箫，何时归看浙江潮？
芒鞋破钵无人识，踏过樱花第几桥？

曼殊的母亲是个日本人，当时他的父亲在广东已经有老婆了，但在日本做生意时又拍拖了女人，还是那种一拖二的方式，明娶的妾是河合仙，而为他生子的是河合若，即妹妹。自小曼殊又是河合仙带的，并将他视为己出，而生母之命更是神秘莫测，后来说是失踪了。我觉得那个时代的日本妇女也是命苦啊。所以用今天的观点来看，曼殊相当于一私生子，而且在甲午海战之后，中国人对日本人都有一种情绪，这可能对曼殊的心理是有影响的，而他的第一次进佛门也跟此事有关。现在有一种说法，是说他四年早慧，4 岁时在日本即能伏地画狮子，栩栩如生。也有说他从小就愚钝，不通文墨，并非像郭沫若等少年就露出天才相了。现在从各种传记看，反正是看相人看出他的问题来。即在他 4 岁那年，就有日本相士抚其头叹曰："是儿高抗，当逃禅，否则，非寿也。"这话是曼殊后来自己写的，所以当作第一手资料来引用的。

他的第一次出家是在 1895 年，即他 12 岁时，也有传记作家认为应是 17 岁时。有种说法认为，他虽然早慧，但回国之后整个人就很愚钝了，并未显出艺术家之灵性，他在近 20 岁时不要说做诗，写字尚缺笔少画。但为什么后来成为大才子了呢，那就是靠他的悟道。不光是悟，还有陈独秀、章士钊等高人的指点，很快就出语殊妙，浑然天成，写出许多当时即为人称道，今天仍有生命力的好作品，如《断鸿零雁记》等。绘画上亦如此，苏曼殊未上过正规艺术学校，也未师从任何大师，其画却连黄宾虹也盛赞之。这里面除了文人墨客的追捧之外，也应看出他的确是悟到了一些艺术的真谛，这也符合他对悟道的理论。他在《随笔》中曾有这样的话："泰西大学士言西人以智性识物，东人以感情悟物。"可见他是极信悟的。因为就他对佛的理解，他是不可能去身体力行的，所以他只能靠悟的办法。而要让他修行，他是做不到的，因为他本身就是一个佛门的叛逆者。

传说他在杭州住在庙里时，白天睡觉，而晚上则在西湖边行走，有时一走就是一夜，直到黎明才回寺院里。当时大家都觉得他是个怪人，但因为那时曼殊已是名士，所以对他也无多少约束了。

他第一次出家是迫于生计，第二次是受感情刺激。

他当年留学时又爱上了日本女子菊子，但遭广东的家里反对，反对的理由是菊子曾经做过歌伎。当时曼殊的父亲已经去世，而他的大老婆陈氏独揽大权，这河合仙自然说不上什么话来。而那个痴情的菊子为他殉情而

老照片中的曼殊墓

跳海自杀，这是何等壮烈之事啊！

这个事情对曼殊的打击甚大，后来他写作《断鸿零雁记》跟此事直接有关。于是第二次出家。

第三次呢，则是因为“苏报案”，他是革命热情受挫而第三次出家。三次出家又三次还俗，后来干脆就游走于半俗半僧之间，算是真正的特立独行。这里面我觉得有几点是值得我们考虑的，比如100年前的留洋基本的选择就是日本，所以对日本文化的那种钟爱当中，也包括爱上日本女子，康有为、辜鸿铭、周作人、郭沫若等都娶日本女子为妻，李叔同也带日本女子回国生活，这是一个点；第二个点，是性格上的原因，如果你让苏曼殊不还俗，那就不叫“诗僧”“情僧”了。佛门是净地，但中国老百姓爱看“酒肉穿肠过，佛祖心中留”的故事，这是世俗生活的乐趣，也是“今朝有酒今朝醉”的乐趣。这位苏兄，传说中在佛门里抓了鸽子还要做成五香鸽子来吃，所以被逐出佛门是情理中的事情。佛教的清规戒律颇多，其中有五条最根本的要求，即“五戒”：不杀生、不偷盗、不淫欲、不妄言、不饮酒。而这位苏兄在我看来是五戒皆犯。民国初期的革命也多为暴力革命，其中暗杀也是常用的一个手段。苏兄当年也是一热血青年，正如蔡元培，做北大校长时已经是一儒者形象了，但早年却也是制造炸弹的狂热分子。苏兄不但在其小说中歌颂暴力革命，而且还亲力亲为，策划暴力事件，即使在第三次出家之后，还欲暗杀保皇党首领康有为。至于说酒肉穿肠过，那是小事一桩，而且他又是中国现代文人中的一个美食主义者，不过分地说，他的吃已经完全到了病入膏肓的地步，可以这么说，他是吃死的！

当然也正因为他的革命倾向，他是被当作一个正面形象来说的。当年的革命者，只要是革命者，谁是不赞成暴力的？

老照片中的白云庵

纵观苏曼殊一生，从他的恋爱史可以看出，他是一个热恋爱冷结婚的人，曾有人说他可能有某种生理缺陷，但这毕竟没有医学证明，只是猜测而已。而且从记载来看，也曾有青楼女子愿意从良嫁给他，这说明他的生理似无问题。但是我们想想，一个人要从热恋爱过渡到冷结婚，这也是有相当难度的，人从一百度一下了掉到零度，这就是他玩的游戏。好在他有一个理由，即佛门不便论娶，然后就写诗给这些姑娘们，姑娘们有的是青楼女子，有的是恩师之女，有的则是东洋女子——



乌舍凌波肌似雪，亲持红叶索题诗。
还卿一钵无情泪，恨不相逢未剃时。

这一点他也是继续了他父亲苏杰生的秉性，曼殊就是父亲与日本女子的私生子。而且苏兄又喜记日记，包括跟他交往的青楼女子的名字场所及费用等，都有记录。有人给他算过一笔风流账，说他日记中用来嫖妓的资金达 1877 元，而当时女仆月工资仅 1 元。如果折合今天的数字，那已经达到 6 位数，逼近 7 位数了，这是何等的花费啊。另一方面，我们也得知道，他并非是一个阔人，但是却挥金如土，视金钱如粪土，基本属于今朝有酒今朝醉的状态，而且他时常把朋友的钱当作自己的钱，借了不还是常有的事情，有时主人不在他也会取人钱财，这一方面他的朋友陈独秀、章士钊等都领教过他的做派。

他本是一个花和尚，但是在他笔下以及他人的记述中，他总是一个苦和尚的形象。这可见他的形象包装术之高明了。如果比较客观地说，他是一个理论上的苦行僧，行动上的享乐主义者，且享乐到了怪癖的程度。比如，他是极度喜欢吃甜食和冰饮食品，又喜欢吃五香牛肉，每吃都得大啖一顿，所以他有“糖僧”和“牛肉大师”之称。因为他觉得人生之乐在于吃，今日之美食，乃明日之埃尘也，所以不吃白不吃。他最后就是死于肠胃之疾，因为即使他知道会吃得肚子不舒服，也照吃不误，这实际上是一种很变态的行为了。朋友也常以美食为诱，诱他作画，画好即大啖一顿，所以他几乎每吃必多，每多必病，然而他却乐此不疲。即便是所谓吃花酒的场合，一般男人可能是醉翁之意不在于酒，而他却是不放过每一次吃的机会。也有人说，他是世上控制性欲之第一人（这前面已经有人推测过其生理问题），又是控制食欲之倒数第一人，寄情于吃，而且又是僧人身份，所以他的修行自然是成问题的，于是就要靠所谓的悟道，因此他是佛学的理论家而已。

中国的普通百姓，对和尚寄托了一种很奇怪的感情。民间的花和尚、酒肉和尚得以流行，一方面说明我们的确是不太讲什么信仰的，另一方面也是因为我们从和尚可以酒肉穿肠过的行为当中，得到了安慰和解脱。连出家人尚且如此，那么我们自己又何必禁欲呢？

问题是苏曼殊的吃甜食和牛肉等，已非饕餮，而成了一种病态。

如此一非僧非俗之人，非文非佛之辈，尚能名留青史，这说明中国自古以来都是可恃才傲物的，也可以看出当时的中国应该说还是比较宽容的。对苏曼殊这种有如此品性的人，还是颇多赞美之词的，或者是我们从他的酒肉穿肠过中得到了一点弥补，他做了我们所不能做的事情。然而他又跟李叔同不一样，弘一是义无反顾不回头了，而他却时常回首俗世生活。这更像我们普通人，有着不少的缺点，而其灿烂的才华，又遮掩了若干谬误，我想这就是苏曼殊。这位逝于90年前的先辈，今天想来还是能让人感叹一番的，至少他是一位真诗人，且十分推崇英国诗人拜伦，这有诗为证——

秋风海上已黄昏，独向遗篇吊拜伦。
词客飘零君与我，可能异域为招魂。

我倒是期待着有人把他的小说译成现代文，不知还有没有味道。现在市面人已经有人把辜鸿铭当年用洋文写的文章译成了现代中文，让人看起来总是怪怪的。

李叔同生前的最后一幅字是“悲欣交集”，曼殊最后的遗言是“一切有情，都无挂碍”。

曼殊走了之后，他的十多岁的侄女苏绍琼写出了一首感天动地的诗作，她本人也即服毒而死。诗如下——

诗人，飘零的诗人！
我！你的小侄女！
仿佛见着你：
穿着芒鞋，托着破钵，
在樱花桥畔徘徊着。
诗人，飘零的诗人！
我又仿佛见着你：
穿着袈裟，拿着诗卷，
在孤山上哦吟着。
寂寞的孤山呀，
只有曼殊配作你的伴侣！

曼殊走了之后，他的好友柳亚子先生曾编辑他的作品出版，即《苏曼殊全集》五本，出版时间应为1927年。80年之后，当代中国出版社又出版了《苏曼殊全集》四本，这是根据柳亚子先生80前的版本修订出版的。上世纪80年代，好像还有过一个版本。现在这四册，第一、二册是曼殊的诗歌和小说作品，第三、四册是他同时代文人写他的文字，包括记述他的生平事迹等，其中柳亚子先生父子的文字居多，是我们现在阅读欣赏曼殊的最佳文本了。

曼殊的小说，基本是用浅显的文言写成的，但是他译雨果的《悲惨世界》，倒是白话文。他的《断鸿零雁记》基本是自传性质的，当时发表时是非常轰动的。可以这么说，曼殊是那个时代最为流行的文化符号。

寻遍了车中，

只不见他踪迹。

尽日清谈高会，

总空虚孤寂。

明知他是不曾来，

不曾来最好。

我也清闲自在，

免得为他烦恼。





# 胡适之：伊却未免太绚烂了

上世纪 90 年代中，批评家吴亮在杭州西湖边对着电视镜头说，这里的每一块砖头都埋着一段传说。当时我听了颇不以为然，但随着年岁和阅读量的增加，我觉得此言真是道出了杭州人文的真相。纵观民国以后的一些达官贵人文人墨客，一般来说成功人士在西湖边购房置业，而奋斗人士则咏诗作文。作为匆匆过客的呢，也会写下一些有关杭州的诗文。

安徽绩溪人胡适，跟杭州西湖也有一段不解的情事。一般来说，诗人的恋爱一般都比较浪漫狂放，甚至有点飞蛾扑火不计后果——这是跟小说家相比而言；小说家注重布局谋篇，所以他们的人生也有一些高潮之处，但大部分时间都在忙于深入生活——那是跟做学问的人相比；而做学问的人，不是说一点都不浪漫，而是在浪漫和现实之间，他在权衡利弊得失之后最后选择了现实。

胡适也正是这样的一个大学问家。

胡适的青年时代，也是一位浪漫的诗人，他是中国第一部新诗集的创造者。一般学者认为中国现代文化史上有两座丰碑，一座是鲁迅，一座是胡适。早个几十年，这两座丰碑可能还有一些政治的因素在内，而到了新

蛮中国的面孔

胡适与夫人江冬秀

世纪，大有人人都说胡适之的风气了。

和那个时代的好多读书人家一样，胡适也是听从媒妁之言后才成婚的，而且由于海外求学等诸多经历，他奉旨成婚时已经28岁了。而他订婚时才15岁，也就是说他让那个大他1岁的叫江冬秀的女人等了他13年，所以当时胡适曾有自嘲诗云："三十晚上大月亮，二十八岁老新郎……"江冬秀生肖属虎，胡适属兔，所以坊间有胡适怕"母老虎"之传闻。为什么怕？这或许有好多种答案。照我的看法，主要还是胡适怕母亲，怕整个中国式的东方式的礼教。一般来说，由寡母养大的男子，性格中有比较多的对其母亲和女人的依赖。胡适到北大教书之后，可以说是一翩翩君子，不少女生都喜欢他，而他呢又喜欢跟女生进行诗书交往，一来二去的，便也留下不少的佳话。

其中一名叫曹珮声的小表妹，就跟胡适擦出不少的火花。

曹珮声小胡适11岁，她是胡适三嫂的表妹，且是胡和江婚礼上的伴娘。新郎爱上伴娘，在今天的电影中是有不少例子的。这个曹珮声在胡适婚后的第三年，也就是1919年，嫁了同村的胡冠英，但她是个要强的人，当时因为婚后没有生育，遭婆婆的冷眼，于是她奋力出击，在哥哥的资助下，跑到杭州读了女子师范学校。其实当时胡冠英也在杭州读书，只是到20岁时胡回老家了，家里给他纳了个妾，理由是曹没有生育。曹想想丈夫也是接受新思想的人，却还要纳妾，后来便以此为理由跟丈夫正式离了婚，在当时算是个反封建的作女。

1923年的春天，胡适在杭州养病，因为这里有他的同乡，湖畔诗人汪静之。汪静之跟曹珮声是青梅竹马的，但曹却是汪静之的小姑辈了。而曹和胡适，则以表哥表妹相称。当时的胡适已是名人，于是他一到杭州，便

右一为曹珮声，右二为胡适

曹珮声

有在杭的绩溪乡党前来看他，这其中就有曹珮声，她当时在杭州女师上学。一群绩溪人一同游西湖看风景，大有暖风吹得人陶醉之感。当时汪静之也追曹，但曹喜欢的却是胡适。当时胡适写下了《西湖》一文，记录的就是当时的那种情状："十七年梦想的西湖，不能医我的病，反使我病的更厉害了！然而西湖毕竟可爱。轻雾笼着，月光照着，我的心也跟着湖光微荡了。前天，伊却未免太绚烂了！我们只好在船篷阴处偷觑着，不敢正眼看伊了……"

后来我们读汪静之的回忆录，证实了胡和曹的西湖之恋。杭州是个恋爱天堂，尤其是民国的名人，都喜欢在此抒情的。好山水一定要有名人来赏的，所谓文化底蕴，其实不只是出了一个白居易和苏东坡。文脉，犹如树根，越是大树，其根枝根叉就越是丰富。

1923年的春天，胡适已经不是第一次到杭州了，但这一回因为有小表妹在身旁，所以他的整个感觉是不一样的。兔子离开了老虎，他的心情可以想象。胡适对西湖和曹表妹，都有一种相见恨晚之感。但因曹要上学，他又在上海有事，所以自然是聚少离多。胡适当时是北大教授，当时北大的体制颇跟世界一流学府接轨，教授五年里可以休假一年，胡适就在蔡元培校长那里请出了这个假期。到了曹放暑假时，胡适索性在杭州烟霞洞的和尚庙租下三个房间，他们分租隔壁，胡与曹珮声同进同出，俨然如夫妻一般生活，除了表面的分住两个房间之外，其余一切都已不避外人了。胡适也自称已尝到了幸福的禁果，当时徐志摩曾经调侃那一段时间的胡适返老还童了。其实，那时的胡适也才34岁，但因为生病，当时显得比较憔悴。汪静之看见的胡适之，"容光焕发，满面笑容，兴高采烈，十分愉快，举动活泼，走路像一跳一跳的姿势，活像一个初恋中的青年。教授学者风

老照片中的杭州烟霞洞

度，一扫而光，绅士气派丝毫不存。一个教授变成一个青年学生了。”

而曹珮声呢，这个汪静之的姑字辈的女人，“病弱的身体已变成健康活泼，林黛玉的幽静愁容，变成史湘云洒脱欢快，闷闷不乐的媳妇，变成风流少妇。”

这个时候的胡和曹，他们在杭州烟霞洞，那真是成了“神仙伴侣”。

注意，胡适一贯来喜欢成人之美，徐志摩与陆小曼，沈从文和张允和，赵元任和杨步伟，胡适都曾大力助之婚恋。而他自己呢，那个时候也完全是性情中人。从现在留下的日记看，他和小表妹在6月曾一起在杭州游山玩水，还一起下棋等。到了9月，又一起赏桂花。如果我们有兴趣读一读胡适写杭州的一首诗，那么就可以看出胡先生当时的心情。诗虽然白了点，但情绪是浓的。

胡适白开水似的诗，后来也成了反对新诗者的一个把柄。

胡适写出了《南高峰上看日出》，他说“七月二十九晨，与任百涛先生、曹珮声女士在西湖南高峰上看日出；后二日，奇景壮观，犹在心目，遂写成此篇。”

如果硬要从象征等角度去读，那么你也一定能读出诗人的愉悦之情的，诗中写道——

我们等的不耐烦了！<br>
东方还只是一线暗淡的红云，<br>
还只是一颗微茫的晨星，<br>
还指不定那一点是日出的所在！<br>
晨星渐渐淡下去了，<br>
红云上面似乎有一处特别光亮了。

韦莲司

山后的月光仍旧照耀着，
海上的日出仍旧没有消息，
我们很疑心这回又要失望了！

忽然我们一齐站起来了：
“起来了！”“现在真起来了！”
先只像深夜远山上的一线野烧，
立刻就变成半个灿烂的月华了！
一个和平温柔的初日冉冉地全出来了！
…… ……

我们实际上可以把它当作散文来读。同期，胡适还作《怨歌》一首，结尾处写道：“不爱花的不配栽花，不爱树的不配种树。”

这一年是1923年，从夏至秋再到冬天，胡适处于恋爱当中。

冬天胡适回北京后，两人还是书信不断，有的信一开始还都是江冬秀来转交的。后来信实在是太多了，胡适在外面专设了信箱。为了这个小表妹，到了1924年的春天，一向性情温和的胡适向夫人江冬秀提出了离婚。这个时候，江冬秀显出了母老虎的驯夫本事，她曾当面从厨房拿来菜刀对胡适说：“离婚可以，但我要先杀了这两个孩子。”因为当时胡适已经是一儿一女的父亲了，母老虎此言一出，胡适马上就萎掉了，哪个男人会不萎掉呢？但不知是不是母老虎的一语成谶，他们的爱女素菲不到5岁就不幸早夭，这给胡适非常沉重的打击，所以他开始有意地疏远曹珮声。曹珮声从杭州女子师范学校毕业后，也步了胡适的后尘，去东南大学学了农学，在哥哥和胡适的帮助下去美国的康奈尔大学留学，这是胡适的母校。曹珮

与陈衡哲、任鸿隽在一起

声上的是农学院，她是第一个在海外攻读农学的中国女生。后回国教书，且再也没有嫁人。

胡适的这个做法，我们今天是很好理解的，只是作为当事者之一的小表妹，在她的记忆中一定是有着西湖的浪花和烟霞洞的桂香的。

事实上曹珮声的个性和才华在当时也是属于佼佼者，胡适爱她，不会因为他们是同乡。当然后来漫长的一生中，她可以说也是在替胡适守“活寡”。“文革”期间，她因为跟胡适的那么一点事情，就被学校开除回原籍，可想其晚境之苦。汪静之回忆，当年曹曾把一部分书信交给他保管，“文革”中汪也只得将这部分材料也烧掉了。

曹珮声后来的出国，胡适是帮了忙的，胡适不仅自己帮忙，还要他在美国的女友韦莲司帮忙。这一点，韦莲司也是不知道的。

这个韦莲司，要大胡适 5 岁，是胡适在留美期间认识的女朋友。关于胡适与她的情事，曾有不少人写过专著。他们交往半个世纪，基本是柏拉图式的情侣，但也有人认为他们曾经有过鱼水之欢。胡适去世后，韦莲司把几十年的书信都交给了江冬秀，以作为历史性的文件。这个美国女人，为了胡适也是终身未嫁。

另外，胡适跟当时的女诗人陈哲衡，也有过一段恋情。不过胡适可能是见好就收的人，正如他的新诗集名为《尝试集》一样，他喜欢尝试，但不会像徐志摩那样轰轰烈烈，甚至与早年诗人气质甚浓的郭沫若相比，也有很大的差距。他很在乎自己的家庭，换句话说，他还是很怕老婆的。后来他朋友曾封胡适为怕老婆协会的会长，他也是一笑就默认了。但是我们从今天的观点来看，你动了人家的奶酪，一个是曹珮声一个是韦莲司，人家为你终身不嫁，或者说不再嫁人，这个事情看起来，胡适是不是应当承担不道德之名分呢？但是我们又可能会说，女人啊，你又何必那么痴心呢，恋过爱过就算了吧，该婚时就婚一个吧，既然再也碰不到像胡适这么好的男人了，但是你已经碰到过了，何必再为他守一辈子呢。

胡适回国后曾经感叹，没有女朋友好谈，即中国没有沙龙的形式，因此也就碰不上受过良好教育的女朋友。但如果真碰到女朋友了，对方又爱慕其魅力，又会出现一方面的单恋，但是胡适也不可能没有反应。这里就有一个叫徐芳的中文系学生（毕业于1935年），曾经选读过胡先生的中国哲学史课。徐芳曾在1938年1月30日的信中说，“记得前年此时，我们同在上海找到了快乐。”后人考证此时胡适确在上海，且同年1月22日有日记，“徐芳女士来谈，她写了几首新诗给我看，我最喜欢她的《车中》一首。”第二天，胡适就写了一首《无题》，诗中如此写道——

寻遍了车中，
只不见他踪迹。
尽日清谈高会，
总空虚孤寂。
明知他是不曾来，
不曾来最好。
我也清闲自在，
免得为他烦恼。

现在看胡先生的诗，那实在是清汤寡水的，只能当日记看，但是有趣的是，诗中的“他”很明显是掩人耳目的，因为哪个男性诗人会写“他”呢？相比之下，徐芳的诗比胡先生写得好多了——

她要有一首美丽的情歌，
那歌是
从他心里写出，
可以给他永久吟哦。
他不给
她感到无限寂寞。
她说：
明儿我唱一首给你，

你和也不和？

后来我们果然看到了胡先生一首“和”的诗作，题目叫《扔了》——

烦恼竟难逃，
还是爱他不爱？
两鬓疏疏白发，
担不了相思新债。
低声下气去求他，
求他扔了我。
他说：
我唱我的歌，
管你和也不和？

好像有点始乱终弃的味道。

从现在看到的书信，可以看到徐芳写于 1938 年 5 月的信，信中说：“你这人待我是太冷淡，冷得我不能忍受。我有时恨你、怨你；但到末了还是爱你。”

据说在 1941 年，徐芳还给胡适写信，要求帮她去美国留学。胡适有没有帮，徐芳有没有出国，就不得而知了。从现在的标准来看，徐芳的诗是不错的，恋爱中的女人的诗歌一般来说都是不错的。而男诗人在没有得到女诗人的全部之时，其诗作也都是不错的，一旦尝了所谓禁果，诗质就大为下降了。当然胡适的白话诗是个例外，他写得真是太白话了；真如郁达夫的古体诗也是个例外一样，他写得太像古人，写得太好了。

现在人们才知道江冬秀是个没有文化的母老虎。叶公超在回忆徐志摩一文时曾提到胡适和江冬秀的事情，大意是像胡太太这样的人自然也是反对志摩和小曼的事情的。叶公超说，有一天在适之家，胡太太又当着面骂胡适之，骂我们新月的这些人，用很粗的话骂，我们都不说话。胡太太说，你们都会写文章，我不会写文章，有一天我要把你们这些人的真面目写出来，你们都是两个面目的人……

实际上江冬秀这个话讲得非常好的，但如果她真的会写文章，她就不会讲这样的话了，或者她也跟那些会写文章的人一样了。

胡适后来也讲，像我太太这种人，我只能跟她同桌子吃饭，别的话我不能讲，她这个脑筋跟我们的都不同。但是纵观胡先生的恋情史，母老虎多半还是有盲眼的，至少看不懂胡适诗歌里卖的是什么药，所以胡适既可以投入进去，又可以成功脱身，这一方面是他的理性和游刃有余，另一方面母老虎其实也为他提供了某种空间。而每遇尴尬之事等，胡先生的日记中是断不会记的，所以我们看到的只是一个博学谦和的胡适。他的翻脸不认人，他的无情和绝情，可能是看不到的。但这正是一个丰富而多面的人呢。而这个徐芳，不过是胡适先生的一瓢水而已。

这么看来，没有多少文化又会做好吃的菜的女人总是笑到最后的，比如江冬秀。曹表妹比她小 12 岁，且又是知性女子。而这个韦莲司，当她第一次看到江冬秀的照片时，她觉得自己受了莫大的耻辱似的，因为她觉得如果胡适的妻子长得像林徽因和陆小曼这种的，她可能也就甘心了。而这两个美女兼才女，也是胡适所心仪的。后来胡适托韦莲司照顾赴美留学的曹珮声，其言词又得小心翼翼的。更有戏剧性的是，有一次他去美国，就面临着在一个屋檐下要同时面对韦莲司和曹珮声这两个情人的场面。现在我们知道的是，韦莲司用一生来品读着胡适。曹珮声呢，自从和丈夫离婚后再也没有结婚，她也没有子女，我相信她也是用了自己的一生在阅读胡适。但笑到最后的，仍然是那个叫江冬秀的母老虎。虎毒不食子，但她知道如何在关键时刻要挟胡适，以保全家庭的安稳，这就是一个现实主义的女子，了不起！

胡适过世之后，韦莲司给江冬秀写了一信，其措辞是这样的——

亲爱的胡夫人：

多年来，你生活在一棵大树的余荫之下；在你年轻的时候，也曾筑巢在枝头。这棵大树结出了丰硕的果实，哺育了千千万万饥饿的心灵；而这些果实将被永久地保存下来……我最珍惜的是对你的友谊和对这棵大树的仰慕……

看得出来，韦莲司是非常咬文嚼字的。我们只是不知道当年的小表妹曹珮声是作如何感受的。那个年代里，像她这种有“历史问题”的人，恐怕连写信的权利和兴趣都不大了吧。不过她在美国学的专业，是棉花和水稻专业，上的大学正是胡适的母校——康乃尔大学农学院。棉花和水稻，这是大地赐予人类的作物，然而上帝还赐予了人类爱情和婚姻，以及由此结出的果实。就这一点来说，胡适的确是一棵大树，而曹珮声和韦莲司，则生活在这棵大树的阴影之中了。还有一些不知名的鸟雀们，也曾经在树叶间鸣叫，但最后她们也都飞走了，因为这棵大树这个鸟巢不属于她们。

而在杭州，胡适当年住过的新新饭店的房间，已经标上总统套房的价格了。

倚虹的一生吃亏，就是因为“情欲”两字所累，自古至今的才人，也都犯了此病，史不绝书，无可讳言。





# 翩翩才子毕倚虹

中国现代史上，有三位名家在 35 岁时就谢世了。一位是浙江海宁人徐志摩，一位是杭州才子、鸳鸯蝴蝶派的大将毕倚虹，还有一位就是诗僧曼殊。

毕倚虹颇有家学，他出身于官宦世家。父亲毕畏三是江苏仪征人，当时在杭州做官时家住候潮门外，系前清秀才，后外放浙江候补道，之前做过江苏南通的地方官，后来做了民国的官，当过浙江印花税局局长、烟酒专卖局局长。照今天的眼光来看，这都是美差啊。同样是做官，能谋得美差的，当然要靠关系的。

这一点毕倚虹的好朋友包天笑在《钏影楼回忆录》的第二部中讲得很多了，现在人们对毕才子的了解，大多源于此文。毕倚虹属于香火颇旺的那一种，现在在网上搜索“毕倚虹”三字，出来的可能还是毕朔望（毕庆杭）和毕季龙的名字为多。长子毕庆昌是地质学家，在台湾做教授。三子毕季龙是外交官，1979 年出任联合国副秘书长，历时 6 年。四子毕朔望曾任中国作协书记处书记，上世纪 70 年代还能读到他的诗歌呢。

现在人们谈论毕倚虹，他有多重身份的。早年家里面就给他买了个官

毕倚虹

当当，15 岁就做小京官了。1911 年，在他 20 岁时，本来是要出使新加坡去当官的，人刚到上海欲要出海，谁知武昌起义爆发，于是他就自行了断官场生涯，留在上海的中国公学读法律专业了。后开始舞文弄墨，走上了报界，其代表作是《人间地狱》和《黑暗上海》，当时都是在报纸上连载数年以上的。他的第二个身份是著名的报人，曾是《时报》的主笔，后又主持副刊《小时报》。第三，他还是《中国画报》的创始人，1925 年在上海创办《上海画报》，从此现代中国有了真正意义上的画报。除了《上海画报》，他在中国出版史上还有几个记录的——主办《银灯》、《小時报》、《上海夜报》等。《银灯》者，中国电影刊物之始，虽然只办了一期。而《上海夜报》者，又是中国晚报之始。

毕倚虹当时拳打脚踢，有一阵子同时开几家专栏，还挂起了律师事务所的招牌。因为他本身是学法律的，当时挂律师牌的也能赚钱，所以有人称他生财有道，殊不知他永远入不敷出。为何会这样呢，这还得从他的情感生活说起。

“倚虹的一生吃亏，就是因为‘情欲’两字所累，自古至今的才人，也都犯了此病，史不绝书，无可讳言。”这是包天笑对他的评价，可谓知根知底了。

毕倚虹原名毕振达，倚虹是他常用的笔名。当时鸳鸯蝴蝶派作家的笔名都甚为女性化，有代表性的是周瘦鹃、毕倚虹、陈蝶仙等，这跟今天的某些网名，诸如安妮宝贝一类的有异曲同工之妙。

毕倚虹进入文坛，就是靠女性化的名字这一招的。关于这一点，包天笑在《钏影楼回忆录》中详细地写过了：“我与倚虹怎样认识的呢？说来也甚微妙。当我在编辑《妇女时报》的时候，有一位杨女士常来投稿，都属于诗词之类，什么给春词、饯秋词，我知道这都是她的床头捉刀人所作，一看笔迹便知道，毋庸推敲其意义了。”

包先生讲到的杨女士，其实就是毕的夫人杨芬若，当时毕才子借替杨女士来领稿费而拜访包天笑，于是两位才子有了交往。因为是包天笑引他进报馆这个门的，所以包先生回忆起这一些往事，并不带着伯乐之乐，反而有些愧疚，因为他觉得毕才子如果不进这一行，或许其命运会好一些。如果一心做个官或者律师，也许就不会这么惨了。

包天笑曾说，“上海在这个时候，正是吃花酒最盛行的时代，商业是吃花酒，宴友朋是吃花酒，甚而至谋革命的也是吃花酒，其他为所爱的人而捧场的，更不必说了。即使不吃花酒而在什么西菜馆、中菜馆请客，也要‘叫局’，所谓叫局者就是名妓侑酒的通称。”

这有点像今天去唱歌厅，会朋友要唱，谈生意要唱，过生日也唱，酒喝多了更要去唱。

我相信包天笑说的是实话。作家诗人，肯定不能无情，骨子里必然是个风流情种，但其言行如果一直放纵，则必然会影响其创作的力度和深度。有的时候，力必多的发泄靠的是写作，而其升华靠的也是写作。事实上也只有极个别的作家诗人能抵抗情欲和清贫，多数还是在流俗中生存的。有的时候，作家的体弱多病和情欲亢奋不只是一把双刃剑，再加上养家糊口、人事纷纭等，必然会折损一个作家的生命。

毕倚虹自然不能免俗，一旦进入花丛之后，竟不能自拔，当时经常跟曼殊等叫局，这在当时的文人墨客中也不算特别，大家彼此心照不宣。所谓婊子无情、戏子无义，但是毕才子竟对一位15岁的名叫乐第的女孩产生了感情，此小女子“娇憨活泼之致”。凡事就怕认真二字，他们竟然认真地谈起恋爱来了，以至不是那种叫局的场面，就是中午随便吃个简餐，都会想到让乐第来陪一会。一来二往的，乐第也对他格外多情，让他晚上12点以后去找她，因为那个时候她已经下班了，不用被公派出局了。

当时的毕倚虹已婚，杨芬若已为他生了三子四女，在文人的妻子中也可谓多产了。当时毕倚虹的情况是妻子在杭州，他是孤身一人在上海的报馆里工作，于是把感情寄托在一“娇憨活泼之致”的女孩身上也是正常的事情。后来毕倚虹在上海滩的名气越来越大。这名气一是文采之名，二是放浪之名。大约也总有些口风传到了其在杭州的父亲耳中，于是其父赶到上海。父子是去训戒的，然而有人甚至也给其父亲叫了局——前面说过这是很普遍的事情，但所叫女子偏是乐第所在的那个场子，可能有人是想看父子不期而遇的好戏吧。其实父亲也是开明之人，只是觉得儿子在上海舞文弄墨的总不是个事情，做官总是比卖文要好，于是便把儿子叫回到了杭州家里，不久便为儿子谋了个浙江萧山沙田局局长之职，上班在萧山，又不在杭州城里。沙田局，莫非是管钱塘江里的黄沙的？不过可以肯定此乃闲职。文人做官，容易心不在焉。当时毕倚虹感到寂寞得很，于是包天笑给他推荐了个会计兼助理，负责他在萧山的吃住等日常事情。此人后来近"虹"者红了，也成了文章高手，此人便是江红蕉，一听就是鸳鸯蝴蝶派的。于是过了不久，毕倚虹让江红蕉替他料理事情，自己则悄悄潜回上海滩，这连他在杭州的父亲和妻子都不知道的。而江红蕉也利用闲时一心写小说了，后天发表了著名的《交易所现形记》，可称是中国金融小说之父，他后来也真的帮人创办了华商实业银行，其生活体验更为厚实了。

回上海之后，毕倚虹发现那个名叫乐第的女子早已另有归属。想来这也正常，男女间没有义务死守一个约定。然而这却让他非常伤心，觉得感情受到了挫折，所以在吃花酒等方面表现得更为放浪形骸了。为此包天笑还经常劝他，劝他要时常回杭州看看的，因为妻子毕竟还年轻，你也应该去尽一点责任和义务的。这样在一段时间里，毕倚虹沪杭两地跑，搞得来杭州火车站的黄包车夫都认识他了，一见他就要来拉生意，因为从火车站到他家两角车钱就够了，而他要付给人家四角，于是车夫要为抢他的生意而打架。而他的做派是，当两个车夫在为他打架时，他叫上第三个就上车走人了。

包天笑毕竟是过来人，知道毕才子的性情，同时也了解女人的性情。

然而毕倚虹的后院也终于起火了，因为妻子知道丈夫的花心，所以也很轻易地红杏出墙了，说是跟一个小饭店的老板好上了，而且是妻子先向他提出离婚。这个叫杨芬若的女子，也是名门之女啊，其母乃是李鸿章之孙女。所以这桩婚事，本来是非常门当户对的。上海滩的那些名门，如张爱玲、邵洵美这些婚事，当时似乎都跟李鸿章扯得上关系，可见李家在近现代史上的地位。一个要离，不离也不行，因为杨女士此时已经离家出走跟别人跑了，毕倚虹只得负起养育七个孩子的重任，后来其父又吃官司，不仅家道中落，连房子都变卖了，而且还得父债子还。他自己的家也搬到了清波门外居住。

天雨偏逢屋漏。父亲吃官司之后，他替父还债遭软禁，虽然没有吃到皮肉之苦，但精神总是受到折磨了。一是没有钱，二是没有自由——做人还有什么比这两者更重要的呢？后来是在朋友们的帮助下，毕倚虹才获得自由，并且重回上海滩，重新回到《时报》上班，并开始写作《人间地狱》。

因诸多事变，毕倚虹才开始写作长篇《人间地狱》，从书名看，就有满腔的悲愤。小说中他把乐第、曼殊、包天笑和自己等都写了进去，所以有自传的性质。这样的作品，有人对号入座，倒也不会生出什么风波来。

1922年初，毕倚虹31岁，此年他再婚，夫人是汪风筝，恩恩爱爱。然而婚后不到10个月，夫人因难产离开人世。毕倚虹伤心欲绝，在《十月姻缘记》中深情写道："朋挤中多谓我能达观，今兹琤睁之丧，余竟不能自持。盖棺之夜，余竟哭晕，冥然倒地不自觉，比延，益痛彻心脾。乃知悲来填膺，泪不择地而流，情爱夫妻，舍泪又无以相报。虽然热泪盈升，已不能回吾琤铮之魄，和泪写此，正不知将何以报睁。掷笔一叹，但有涕"。此后，毕氏亦病魔缠身，生活颇为潦倒，包天笑《钏影楼日记》1926年1月7日载："访毕倚虹，人颇憔悴，医士谓其有肺病。"

不仅肺病，还兼患胃病。

其后毕倚虹又有了第三次婚姻，夫人缪世珍。可惜好景不长，毕倚虹终因心力交瘁而一病不起。在毕倚虹弥留之际，夫人缪世珍服药欲自尽，所幸的是被抢救了过来。而毕倚虹却于1926年5月15（一说25）日去世。随后夫人为其生下遗腹子，是一女儿，所以说毕育有四男四女。未亡人缪夫人非常了得，把她生的女儿抚养长大，并且没有再嫁人。

关于毕倚虹的新婚与病患，包天笑认为这两者其实也是有关系的，一个体弱之人，总是得为新婚付出格外的代价。

不过更重要的是，毕倚虹心力交瘁，那是因为他有还不完的债，写不完的稿子。当时的稿费并不高，一开始还是以书票相抵的。另一方面，毕才子本来身体就有病，离婚，丧妻，再结婚，体力精力，一个精壮男人可能都吃不消，何况一个病恹恹的男人呢？

从1922年1月5日起到1924年5月10日，《人间地狱》连载于《申报·自由谈》，计60回，共53万字。此小说"以海上倡家为背景，以三五名士为线索"串联起一个上海的广阔的社会，所以毕自己认为这是一部社会小说。

小说发表后，当时的名士之一、袁世凯之子袁克文对此书极为推崇。他在序文中写道："今世为小说家言者众矣。坊肆之间，汗牛充栋。其能与古人相颉颃者，鲜有见焉！"他说，"《人间地狱》，多述其经行事，间及交游嘉话，其结构衍叙，有《儒林外史》、《品花宝鉴》、《红楼梦》、《花月痕》四书之长。”

在《人间地狱》连载时，毕倚虹的另一部长篇《黑暗上海》亦在连载，袁公子认为它“是海上近时之罪恶史也。可与李伯元之《官场现形记》，吴趼人之《二十年目睹之怪现状》并传。”

毕倚虹的小说，照后来学者的研究，认为主要还是属于“狭邪小说”范畴的。狭邪二字是鲁迅的发明，字面有狭路曲巷之意，这也正是娼妓之处所也，所以后来便把这一类小说叫作了狭邪小说。毕倚虹小说的素材一方面来自自己的经历，另一方面来自于他在替父还债遭囚禁时听来的故事，这些故事当时令包天笑非常惊诧的，因为这是坐在报馆中写不出来的。后来也有把狭邪小说称作为倡门小说的，倡乃娼也，而毕倚虹就是一个在地狱边缘写尽人间纯情的高手。

可惜的是《人间地狱》没有收尾，毕倚虹就逝世了。作者去世，报纸还要办下去，读者也还想看。于是《申报》就请包天笑续写小说，因为也只有包天笑才能做这个事情，于是他就续写了后20回，且获得读者的好评如潮，也算是完成了老友的一个夙愿吧。由此也可以看出，鸳鸯蝴蝶派也真是薪火相传的，一直到上世纪90年代，在毕倚虹逝世将近70年之际，他的另一位好友，天虚我生陈蝶仙的儿子陈小蝶在台湾写就了一部长篇《黄金世界》，其情节的一枝也是从《人间地狱》这里嫁接过去的，主要是在女主人公秋波的情节上又另起炉灶，也算是又将此书续写了下去。

一部长篇中的男女主人公，被毕倚虹、包天笑、陈小蝶这三位著名通俗小说家用了几十年时间，才塑造完工。这也算是通俗文坛上的一则佳话。当然陈小蝶只是用了原著中的情节，基本应该还是一部独立的原创小说，不过因为有其鸳鸯蝴蝶之关系，所以《黄金世界》又跟《人间地狱》扯上了关系。

毕倚虹去世后，同人等组织“倚虹遗孤教育扶助会”，由包天笑等发起，主要成员有：包天笑、周瘦鹃、陈蝶仙、陈小蝶、余大雄、常觉等，由包天笑抚育庆杭，一时成为美谈。张学良当时也捐了1000元钱。而杨夫人所生的三个女儿，基本是由其姨母们抚养了。他的前妻杨女士呢，后来跟毕朔望（庆杭）生活在一起。

只是在杭州，在候潮门还是清波门，已找不到毕倚虹当年生活的印痕了，一百年不到，什么都没有了，只有文字还留存着，所谓的文脉还在延续着。

郭沫若跟西湖是有情缘的，不仅仅因为他来杭州约会过却又失望而归，那个时候他还是挺自省的，所以才有《孤山的梅花》一文。1946年，他曾提议将西湖改名为“鲁迅湖”，这个提议自然没有被接受，还好没有被接受。



# 郭沫若：孤山的梅花开了耶



“孤山的梅花这几天一定开得很好了，月也快圆了，你如果想到西湖去玩，最好这几天去，我们也可以借此得以一叙……”1925年正月十四的晚上，郭沫若收到了一封字迹娟秀的信，开头就是这么几句，后面则是具体的回信和约会方式。写信人叫余猗筠小姐。

可以想见，郭沫若收到此信后内心是如何的翻江倒海。此时他刚携日本妻子安娜及三个孩子回到上海，而且再过两个月，他的第四个孩子也将出生了。妻子不会讲一句中国话。当时郭沫若口袋里只有15块钱，于是他便想去朋友家去借钱。

郭沫若给对方回了信，然后又把此事跟妻子讲了，出乎意料的是，这个日本妻子竟然同意他去约会，因为她认为丈夫写不出好文章的原因是太没有激情了。对此，郭沫若自己倒非常忏悔，他本来是属于猎艳性质的，现在却要给猎艳一个冠冕堂皇的理由。所以后来有人说，安娜之所以同意丈夫跟别人去约会，那一定是穷得疯了，穷得把丈夫卖了都可以了。

当然，我们现在的所有依据，都是郭沫若自己说的话。

一番心理的挣扎之后，郭沫若去见余猗筠小姐了。约会地点是昭庆寺

老照片中孤山上的风光

老照片中的昭庆寺

旁的钱塘旅馆。没想到这是个极其破旧的旅馆，旅馆的人对这个余猗筠则是一问三不知，郭先生只好狼狈而回，不过他后来的确是写了近万字的《孤山的梅花》，记录这次的心路历程。现在的杭州，昭庆寺早成了青少年宫，钱塘旅馆的字样怕是比比皆是的了，只是在西湖边在少年宫边上，怕也早就没了这一家破旧的一层楼的饭店的。而且照郭沫若当年的推论，名叫余猗筠小姐的人是不可能住在这种旅馆里的。

80 多年过去了，是谁跟郭沫若开了这么一个不大不小的玩笑？没人知道！或许这不是个玩笑？上世纪 80 年代，我见报纸上有人著文考证这余猗筠小姐是谁，但好像也是不了了之，还是悬案一宗。但是这个“余猗筠”，倒是有三个特点是必须注意的：其一，此人文笔甚好；其二，此人字迹娟秀；其三，此人颇知郭沫若的个性……当然还有不少细节也有可推敲之处。

我们现在要感慨的是，郭沫若会将此事公开化，把一桩未遂的艳遇公之于众，由此可见他的性格了，正如他在自传中披露的性启蒙事件一样。小小少年爬树干睡条凳，让身体通过摩擦产生性快感，后来我在西片韩片中都见过这样的镜头。

孤山的梅花其实年年都开，开早开迟也都是自然的事情。只是郭沫若先生的花事，似乎早已经是人们所熟知的。从他的个人自叙以及所谓公认的说法，他这把茶壶在生命的不同时期也配了好多只茶杯，这一点跟民国时期的诸多名人是颇为相似的。

郭沫若第一任的妻子名叫张琼华，这是一个和鲁迅的原配朱安有相似命运的人物。她几乎和郭沫若没有生活过，新婚后的第五天，郭沫若就离开了家乡，后来在他任国民革命军政治部副主任期间回乡省亲过一次，当时丈夫向妻子表示歉意，张琼华说如果说当年她留住了丈夫，那么也就不会有今天的日子了——文人说这是典型的精神麻木，但说的却是实在话，

发妻张华琼

与安娜及孩子们

夫荣妻贵，就是这样的。朱安曾经说过，她也是鲁迅先生的遗物。而张华琼则一直生活在郭沫若的老家，解放后郭先生每月给她寄 15 元生活费，后来逐年有所增加。而张氏呢，则每年寄去一点咸菜等。1978 年郭老去世后，家乡人开始要建郭老的纪念馆，但又只能瞒着张氏。张氏于 1980 年去世，享年 90 岁，她至死也不知道她那曾经法律上形式上的丈夫已经先她而去了。

换句比较诗意的话，她在郭家等了 68 年，无子，不改嫁，真是嫁鸡随鸡的一典范。

郭沫若的第二任妻子是他在日本时认识的，名叫佐藤富子，是世家子女，却不顾家庭反对跟郭私奔了，后改名为郭安娜，是郭沫若给取的名字。她为郭沫若生了五个孩子。她身上有着日本妇女含辛茹苦的精神，可以说她没有享过郭先生一天的福，特别是在抗日战争中，她在中国是受到歧视的。由于战乱的原因，由于郭沫若曾被反动派通缉，所以他们夫妻曾经有很长一段时间的分离。1948 年，安娜携一儿一女万里寻夫从日本到中国台湾然后又到香港，终于见到了阔别多年的丈夫。但这久别重逢对安娜却是十分残酷且戏剧化的一幕——郭老的身边站在一位年轻的少妇，少妇身边是五个高矮不一的孩子，这就是郭沫若的第三任妻子以及他们的五个孩子，刚好也是五个。

这位善良的日本妇女选择了离开，她是本着基督的精神，牺牲自己成全他人——这是很多版本的说法，这说法是没错，但离开不等于没有条件，这得容后面再来述说。

是安娜独立培养了五个孩子成才。大儿子学化工，次子学建筑，三子学水产，女儿学完数学后又去攻读建筑学，1948 年时，小儿子也上中学了，而她和丈夫郭沫若的分别已经有 11 年了！

电影演员黎明健

郭沫若、于立群和孩子们

安娜想起了在大革命时期，她和先生分手时，先生也曾经有过一段情事，那是一个名叫安琳的女子的闯入，但那毕竟没有成婚也没有孩子，所以安娜并不计较。但是现在看到这个年轻的少妇和五个孩子，她似乎明白了什么，她只好找组织来解决这一历史问题。换句话说只有组织来替她解决问题了。

给郭沫若生了五个孩子的女人年轻的少妇名叫于立群，生于 1916 年，曾是上海滩的电影演员，艺名叫黎明健，跟黎明晖、黎莉莉等都是“黎家班”的，拍过《富春江上》、《健美运动》和《壮志凌云》等，特别是后一部较为出名，是左翼演员，大体跟蓝苹是一个档次的。郭沫若跟于立群的相识相恋得益于另一个女人。这个女人就是于立忱，于立群的姐姐，是《大公报》驻日本的记者，在日期间跟郭沫若也有过一段恋情。在作家谢冰莹女士的笔下，于立忱是这样一个人——长得亭亭玉立，皮肤又白又嫩，两道柳眉配着满口贝齿，说起话来有条有理，一见就给人亲切可爱的印象，这正是当记者的标准条件。

因为反日等因素，于立忱被日本政府驱逐，1937 年 5 月回上海后不久便上吊自尽。关于这一桩公案，到目前为止还没有定论。如果去搜索百度等，你会读到关于这段公案的诸多文字，有说于立忱身体有病，有说于立忱不忍报社老总张季鸾的纠缠等。其中尤以谢冰莹女士的观点最为激烈，她以当事人过来人的身份认为是郭沫若导致了于立忱的死因，而且于立忱曾为郭沫若打过胎……

从当初的一些言论看，郭沫若还曾把火烧向郁达夫，因为这有文证。郭沫若写过《断线风筝》一短文，仅四五百字吧，暗示在日本，在郁达夫回国的前一夜，于曾和郁同居了——

去年十二月十六日，郁达夫离开东京的前夜，日本笔会招待他，并请我作陪。在散席后，我把达夫拉到涩谷的立忱寓里去，立忱当晚把一首七绝《咏风筝》写给了我们看。

我觉得诗还不错，达夫也说好。达夫当晚也为立忱写了一张斗方，但她没有和，只写了一首旧作，有“巴山夜雨”之句，全辞不能记忆了。

我回千叶的时候，他们送我到涩谷驿，步行的途中也把轻丝断线一类的话头作过笑谑。

在涩谷驿前一家快要闭店的饮食店里，达夫一个人还喝了两合日本酒，我和立忱喝着红茶陪他。

我一个人回到乡下的寓居时，已经是一点钟过了。

郭沫若和郁达夫，同为留日学生也同为创造社主将，郁达夫曾把自己和郭沫若、成仿吾这创造社的三员大将比作《三国演义》中的刘备、关羽和张飞，可见也是自视甚高的。但在这个比喻中，我以为只是把成仿吾那张飞式的特点给说出来了。说郭沫若像关羽，那可能是郁达夫太过天真。至于他自比刘备，也不知其何用义也，当然这可能是一小团体中的比喻罢了，不能当真的。

于家姐妹也是名人之后，她们是清末民初要人岑春煊的外甥女。关于岑春煊，我在电视剧《走向共和》中见过，这是一个对清帝颇为忠诚的人，长期做封疆大臣，民初任两广总督，性格刚烈，尤好弹劾他人，是个让老外害怕的官员。

这么说吧，是已逝的于立忱牵的线，让郭沫若和其妹妹相识了。当时于立群正在整理姐姐的遗物，她要把一些信件交给郭沫若，这只能说是冥冥中的一种安排吧。于立群比郭沫若小 24 岁，郭沫若见到她后就觉得“我有责任保护立群，但愿我能把爱她姐姐的心转移到她的身上!”

于是他们先同居后结婚，婚礼是在重庆举行的，证婚人是周恩来。所以后来政府出面处理郭安娜和郭沫若的事，周恩来也出面了，只是收效甚微。于立群后来成了著名书法家，她和郭沫若共生育了六个子女，在郭老去世的第二年，即在北京自缢身亡，这一点倒是跟她姐姐相似。但我们国家对名人，包括对红色名人的非正常死亡一直是秘而不宣的。像著名导演史东山，在 1956 年也是以自杀方式结束生命的，但是对外的宣传却一概是因病逝世。

后来也有人说，于氏姐妹死于同一种方式，那是家族遗传。或者说，于立群至死都没有忘记姐姐于立忱，于是她选择了同一种方式。

郭沫若和于立群成家之后，安娜还在另一国度生活着，前面所说，她独自一人养大了五个孩子，且个个成才，这是何等的艰辛啊。现在人们把后来郭沫若对安娜的退避三舍归咎于于立群，我以为也是不公平的。于立群自然要维护自己作为妻子和孩子们的利益，但是这里对安娜的态度主要还是取决于郭老本身。晚年郭老曾和人说起过安娜，说她十分能干不怕吃苦又善于理家，但又是一个个性太强的人，宁折不屈。这一点可能跟张琼华正好相反，张一生守候，就是抱着一个夫荣妻贵的观念。

现在再来说说安娜率子万里寻夫以及后来跟郭老的几次见面。1948年，安娜看到郭老身边有一个夫人和五个子女，她选择的是离开，所以有人说她识大体懂大局，但她还是为自己和子女力争了一些权益。

当初她在香港给郭沫若开出的条件是：第一，要负责供给一儿一女读完大学；第二，郭沫若要给她一笔相当数额的抚养金；第三，在得到前两条圆满解决后，双方再登报声明脱离夫妻关系……这看似不复杂，但当时摆在地下党面前却是个难题。后来反复做工作，可以说是晓之以理吧，说造成他们夫妻分开的直接原因是日本军国主义的侵略，但目前组织上有实际的困难，要考虑国内外的影响等等，所以只能答应第一条，供两个孩子上完大学，但后两条目前无法做到。安娜对这一方案自然是不满意的，后来郭老又提出把某些著作权归安娜所有，这算是暂时缓和了安娜的情绪，但这个历史遗留问题并未得到根本解决。1949年后，安娜几次去京找郭沫若，郭都是避而不见。安娜曾经直接上郭家候着，也有给她碰着的，但郭沫若又都借故走开了。倒是周总理出面接见了她，并欢迎她和五个孩子都到中国来工作。后来安娜大部分时间生活在大连，跟儿子郭和夫住在一起。和夫是中科院大连物理化学所的副所长，后担任博导。

1969年，安娜来到北京看望刚放出牛棚的小儿子郭志鸿，同时也要求跟郭老谈事。郭老无法躲避，只得见面。据有关人员回忆说，当时他们见面时，老太太的话还是十分幽默的，安娜说，“你看来很年轻啊，我已经老了。”郭老说，“你看样子也很健康啊！”接下去话题切入正题，安娜问郭老，为什么他们不让郭和夫工作，说造反派说她是老特务，带了五个小特务回国……那个年代，像她这样身世的人肯定是不好过的，那个时候专家们都受到了冲击。于是郭老身边的工作人员又给她做工作，而且她还提出要回日本看她快百岁的母亲（看样子长寿是有遗传的），后来组织上也基本答应了她的要求，因为当时郭老的身份是国家领导人之一。安娜回大连时，组织上问她需要带些什么水果啊特产啊回去，安娜都谢辞了，最后说那就带5斤富强粉挂面吧。

国家领导人的前妻，带着5斤富强粉挂面回家，这里该有千言万语啊！

后来直到1974年，80岁的安娜才得以回日本，此次回国她处理掉了跟郭沫若一起生活过的在市川的房子。第二年，她又到北京看望了当时已住院的郭老，这一回郭老答应见她了。安娜见郭老的第一句话仍是十分幽默——“你变了，变得慈祥了，你是会进天堂的。”后来又拿出市川房子的照片给他看，那一瞬间，俩老又回到了半个多世纪以前的岁月。

这自然是他们的最后一次见面。安娜的目的，是要把房产的事情跟郭老讲清楚，她觉得她有权处理那个房子，但处理掉之后她又得跟郭老来讲清楚，这表明了她的有礼有节。据说卖房子的钱，一部分是用来作回日本的旅费了，当时总理批示可以用公家的钱，但是她没有用；一部分是捐给了上海和大连的统战部门，因为她觉得是这两个部门在照顾她的生活。上海方面在她去世后把钱还给了她的子女，大连方面就没有下落了。

郭沫若跟安娜以及于氏姐妹的婚恋之事，除了可以看出郭诗人的性情之外，其实那个时代的社会风尚也可略见一斑。五四之后的新文化运动，从某种程度上讲，也是在知识女性中掀起了一股性解放运动，事过境迁可能会有恩恩怨怨，会成为历史公案，但是在当时，可能也是一个愿打一个愿挨的比较多，同时也符合所谓一个成功的男人背后，必有一个或数个女人的定律。如何评价五四的新文化运动，我以为不要以名人和现成的结论为框架。如果说历史是一副老花眼镜的话，那么，我们把历史的实景放远一点看，是不是会更清晰一点呢？至于说名人婚恋，那个时代比起今天的新潮，似乎是有过之而无不及。北大校长蒋梦麟说过，民国时期男女关系，可概括为三种，一种是狗皮膏药，一种是橡皮膏药，还有一种就是氢气球。狗皮膏药贴时不容易，撕开时也痛苦，旧式婚姻之类是也。橡皮膏药贴时很方便，撕开也不难，普通婚姻之类是也。至于摩登青年，男女双方均得时时小心，稍有疏忽，即行分离，此非氢气球者何？

郭沫若的遗嘱是不要留骨灰，把骨灰撒到大寨肥田，所以现在去过大寨的人还说，那里倒有高规格的郭沫若的墓。

安娜选择离开郭沫若，但没有选择离开中国。这位有着基督精神的日本妇女，后来加入了中国籍，也曾当选过全国政协委员。1996年，安娜去世，终年101岁，堪称高寿了。市面上曾有电视剧《郭沫若与安娜》，讲的就是这一段故事。不过将名人的故事拍成电视剧的，似乎成功的不多，鲁迅、郁达夫等的故事也都拍过影视剧的，影响也都不大。

现在去网上键入郭沫若三个字，那出来的除了些名人传记外，还有一些负面的文字，让人颇多感慨。我之所以记得郭沫若，那是因为上学时如考中国现代文学，必然要考到他的诗作。当时老师说，郭是极浪漫之人，说性欲来时，他会赤身裸体在雪地上打滚，于是才有《地球我的母亲》等诗。那是20世纪80年代初，老师就这么说郭老了。还有更早一点，好像也是郭老说的——科学的春天来了！

其实仔细想想，那一代文人有颇多的相似之点。比如同是留日的，郭沫若和郁达夫有相似点，他们的文字中浪漫主义和自然主义的色彩也都是颇浓的。还有郭沫若和鲁迅有颇多相似点，皆留学日本，皆弃医从文，都遵旨完婚，且他们的原配都为他们守着活寡，而且他们的地位，都曾是文化旗手。千古之后评价虽会有所不同，但如果放到百年和千年之后，评价又有多少价值？

郭沫若跟西湖是有情缘的，不仅仅因为他来杭州约会过却又失望而归，那个时候他还是挺自省的，所以才有《孤山的梅花》一文。1946年，他曾提议将西湖改名为“鲁迅湖”，这个提议自然没有被接受，还好没有被接受。只是西湖边的梅花是年年都开的，西湖边借看梅花的约会也一定是年年都会有的，只是郭老不会再来此了。如果现在从上海来，开私家车来，如果来之前打个手机或在网上联络一下，或许保险系数会大一些吧。只是杭州的孤山，已经不再是观梅的胜地了。如果借看梅花而拍拖一下，在杭州还是很不错的吧。即使像当年郭沫若那样美美地想象一下，也还是有点诗意的吧——

梅花既然还没有开，孤山是可以不必去的。……最初自然是要握手的。其次呢？……月亮出得很迟了，或者我们在夜半的时候，再往孤山去赏月，那比看梅花是更有趣味的。……假使她是能够弹四弦琴或者曼多琳，那是再好也没有。不消说我早要替她拿着琴去，请她在放鹤亭上对着月亮弹。她一定能够唱歌，不消说我也要请她唱……

吴宓苦爱毛彦文，三洲人士共惊闻。

离婚不畏圣贤讥，金钱名誉何足云。





# 吴宓：大师就是毛孩子

几年前杭州籍作家张抗抗写《作女》一书，从此作女一词就成了流行词。但是我们似乎又很不好给这个词下定义，我当时以为那些在情感上很作的知识女性，大约可以归入作女行列当中的。

那么作男呢？我以为可被称为国学大师的吴宓先生就是一个作男。他在婚恋上就显得很作。这种作，跟他的学问和为人似乎无关，只是他的感情生活似乎总是起着波澜。其中最为关键的一个女人就叫毛彦文。毛是浙江江山的大户人家，江山出了“三毛一戴”。16 岁时毛逃婚，成为当时江山县城的一大奇事，后毛就读于杭州女子师范。民国的不少名人婚恋的对象似乎都跟这个学校的女生有关，所以也可看作是名人配偶的黄埔基地。今人常诟高校门口停满小车，其实在八九十年前就是这样了，那时不是停满小车，而是停满眺望的眼睛。

爱上伴郎伴娘的故事实际上还是不少的，像胡适和曹珮声，而吴的故事中也不乏这样的元素。吴的第一次婚姻，得益于他的留美同学陈烈勋。这位陈兄写信给吴，拼命介绍自己的姐姐陈心一，说她是如何崇拜吴。当时陈心一已经毕业于杭州女子师范（跟毛彦文是同届不同班的），已经 24

游学巴黎时的吴宓

岁了，在舟山定海教小学。吴收到信之后就在同学中广泛征集意见，有的说等你海归之后再挑吧；有的说这个方式也很好，如果陈小姐真的喜欢你，那可不要错过机会。

后来人们传陈寅恪先生在美国初识吴宓时，曾对他说过这样一番话："学德不如人，此实吾之大耻。娶妻不如人，又何耻之有？娶妻仅生涯中之一事，小之又小者耳。轻描淡写，得便了之可也。不志于学志之大，而竟竟惟求得美妻，是谓愚谬。"

有人以为，吴是听了陈的忠言后来才与陈心一匆匆成婚的，这是一说。如果真的是听了陈的忠言之后才与陈心一结婚的，这对吴宓来说也没什么。但纵观吴宓的情史，他实在是非常非常在乎女人的，这倒不是说陈寅恪就不在乎女人，至少陈大师还是很在乎纸上的柳如是的。

经过一番的周折，吴宓托同学朱君毅去调查陈心一，而朱正是毛彦文的初恋情人，毛彦文当初逃婚就是为了朱。于是朱就写信给毛，而毛的回信则是把陈心一说得非常之好（一般介绍对象都是这样的），后来吴回国到杭州去见陈心一，就是在陈家第一次见到了毛，从此便烙下了情爱的火种。

如果要复述他们之间的故事，那只能是花开两朵各表一枝了。吴和陈见面后的第 13 天，他们就在上海结婚了。以如此快的速度来解决婚姻问题，这是人们诟吴的一个话题。但其实吴也有自己的考虑，一方面是他的确想过家庭生活了，换言之，食色性也；另一方面吴把学问和事业看得比什么都重，所以他想在婚姻上速战速决，然后一心来做学问，当时他执教于南京的东南大学。回国的最初几年，也的确是他最好的日子，包括后来他担任《学衡》杂志的总编，这被认为是保守派的一杆旗帜。其实历史总是阴差阳错的，吴在思想行为上非但不是保守派，且是十分新潮的人物，

吴宓和陈心一

说他保守，只是一种历史的误会。《学衡》有保守的倾向，但这不等于吴宓先生在婚恋上也是保守的。何况保守也并非就是一个贬义词。

另表一枝。现在要来说说毛彦文和朱君毅的故事了，这几乎是青梅竹马的翻版，一个痴痴地等，一个回来之后就变心了。海归之后的朱兄，以表兄妹之间不能结婚、结婚生子有可能会痴呆的理由拒绝与毛成婚。这话看来也是蛮正确的，属于海归的口吻，然而这对毛彦文的打击无异于天都要塌下来了。这位朱兄只是嘴巴说得漂亮罢了，其实最为真实的原因不是出在表兄妹问题上，而是他的审美观发生了深刻的变化。留洋之后，朱兄喜欢上了丰乳肥臀式的女人，而毛基本属于骨感型的——从今天的眼光来看这也无可厚非。青梅竹马时情的因素要大于肉的因素，而一旦长大特别是啃过牛排之后，对女人肉欲的比重渐渐增多。不过这个海归也知道，强调肉欲会遭人责难，所以得拿出近亲不能结婚的招牌来挡架。

在朱毛的纠纷中，吴宓又扮演了劝架的角色，劝的结果是他爱上了毛彦文，而且爱得无可救药。今天毛彦文的自传《往事》的内地版也出版了，其中涉及吴的文字并不多。胡适之先生曾经提过人们要写自传，但是我看所谓的自传，特别是晚年写的自传，基本是在为自己辩解。这也是情有可原的，毕竟人人都做卢梭是不可能的，而且中国人的自剖精神还是比较缺乏的。只是在一般的传记作家中，毛彦文的角色类似于一个交际花，我想这可能是男性的观点，其实男人的内心里是恨不得多一些这种交际花的；但另一方面，毛彦文实在是一个厉害的角色，她是中国第一个在海外获硕士学位的女性。她和吴的是是非非，到晚年在她的口里只是淡淡的一句：吴是个书呆子。

这个书呆子学了徐志摩的样子，先跟陈心一离婚，当时陈已经生了三

留学归来的毛彦文

个孩子，而毛彦文有一段日子就住在吴家，这两个同学的关系自然不是一般的。当陈心一知道定时炸弹就曾经在自己身边时，那种惊愕是不亚于毛彦文盼来了朱兄，而朱兄却又要跟她解除婚约的。从我们今天的理解来看，这两位杭师同学的婚姻都是不够圆满的。离婚之后的吴宓又去了国外游学，并且跟毛彦文说，愿意资助她去欧洲留学。他的如意算盘是在国外结婚，如此便可避人闲话了，即使不结婚，同居也行啊！毛彦文后来果然也出国留学了，只是他们后来的关系是，一个跑一个追，等到快追到之时，这个追的人却又不冲刺了。当时吴在英国，毛在美国，两个人像是赌气似的，毛彦文坚持要吴来美国跟她成婚，而吴则要毛去英国，几经周折当毛愿意来妥协时，吴又像小孩子似的说话不算数了。如此的反复，出现在读书人身上是极为正常的，我不知道吴宓的学生之一钱钟书的小说《围城》有没有半点吴的影子呢？

所以如果说毛彦文的情感轨迹还能让人看懂的话，那么吴宓的行为就越来越让人看不懂了。他在海外追毛彦文的时候，其实也不是专一的，他那时还不时地爱上异国女子，由此看来他的确是个情欲旺盛之人。其实爱便也爱了，但吴宓的特点是喜欢说，喜欢“吹”，包括跟朋友跟同学，甚至还跟毛彦文说。我们知道吴宓有记日记的习惯，三联书店曾出版他的十几本日记，蔚为壮观。吴宓日记的不少内容，也就是他的这些私情笔记，所以当后人说吴宓是个情痴时，主要是指对毛彦文的痴。这种痴，一是表现在进攻的强度上，二是表现在时间的跨度上，但从不表现在对毛彦文的专一上，当然我们也不能要求这位诗人气质的教授一定要这么专一。他的专一，只是表现在始终追求着毛彦文。虽然后来他在毛这里不断碰壁时，也曾经想跟陈心一复婚，但陈心一却是铁定了心，不愿再回到吴宓的身边。

如果说吴宓在女人面前的行为可以理解成是脚踩两只船的话，那么吴宓却总是两脚都踩空的。

也有人认为吴宓总是在好德与好色上面徘徊，其实我以为，他是德和色兼备之人，这两者如果硬要对立起来看是会有痛苦的，这在吴宓身上是比较明显的。但吴宓自有他的排泄出口，包括跟朋友师长同学的不断倾述，就是出口的管道之一。如果吴是一个心机颇重的人，他在日记中大可不必记下那么多的私情。名人回忆录的一个不真实之处，就是回避私情。相对而言，吴宓则坦诚多了。比如在日记里，吴宓还吃过鲁迅的醋。他认为自己比鲁迅先生强多了，但就是得不到诸如许广平这种女生的爱情。他说“许广平（景宋）夫人，乃一能干而细心之女子，善窥伺鲁迅之喜怒哀乐，而应付如式，既使鲁迅喜悦，亦甘受指挥。云云。呜呼，宓之所需何以异此？而宓之实际更胜过鲁迅多多，乃一生曾无美满之遇合，安得女子为许广平哉？念此悲伤。”

可见吴宓也在女生中花过不少的心思，因为近水楼台先得月。请女学生吃饭，约女学生散步，给女学生写情书。为讨好女学生，吴宓还不惜帮着作弊，替女学生做枪手翻译文章，然后利用自己的关系将其发表出来。一介教授能做的他都做了！但最后却只能吃鲁迅先生的醋。

谁的醋不能吃呢，偏要吃鲁迅先生的醋，吴宓不知道，鲁迅先生也是多么的不容易啊！

不过吃醋归吃醋，其直率倒是可见一斑的，只是吴宓这种率性不要说毛彦文吃不消，就是他的朋友也吃不消。这里也有一个段子，当时吴宓把自己对毛示爱的诗都公开发表了，如这一首“吴宓苦爱毛彦文，三洲人士共惊闻。离婚不畏圣贤讥，金钱名誉何足云”公开发表后，许多朋友就看不惯了，金岳霖就是其中一个。金岳霖于是就好心去劝吴宓：你的诗，我不懂，但你不能写到毛彦文，这是私事。私事是不好随便发表的，就像我们每天都要上厕所，可是我们并不为此而宣传啊。吴宓听了很不开心，生气地说道：可是，密司脱金，你要知道，我的爱情不是上厕所！

这位密司脱金当然是有资格说吴宓，因为他对林徽因保持了坐怀不乱的品性。我们现在从另一角度看，金先生等于也做了林和梁的保护神，因为他为林都发誓不娶人了，那么还有谁敢去扰林呢？另一方面，金的存在对梁思成也是一种威胁，你敢对林不好吗，外面有这么一个男人在候着呢！

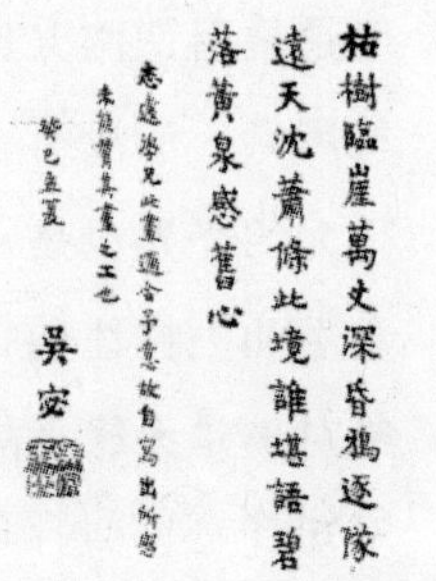


吴宓手迹

所以我觉得金也是一有趣之人，其有趣程度不亚于吴宓。婚姻完全由自己做主，宁缺也不妥协，这金先生可以算上一个。

同时又因为吴宓的口无遮拦，他追毛彦文的事情，也是当时小报上的猛料。因为这样的事情，在任何时代都是有人看的。比如说俩人身在海外，而陈心一家乡的报纸，杭州的《民国日报》就专门登毛吴之恋的新动向，不少当然是杜撰的，结果毛后来看到之后就勃然大怒了。

然而女人一旦如果有趣起来，或者说出格起来，那是比男人更厉害的。毛彦文的厉害之处，是最终嫁给了湘西人熊希龄，这好比是今天的杨翁之恋。我去书店翻过砖头一样厚的《熊希龄传》，里面有熊毛的合影等，但具体涉及两人情感方面的文字，倒也不是很多。时年 1935 年，毛彦文嫁给了时年 66 岁，大自己 29 岁的熊希龄（当时说毛彦文 33 岁，只是为了跟熊的 66 岁相对称）。当时，报纸上曾出现过一千古名对："熊希龄雄心不死，毛彦文茅塞顿开。"还有一则轶闻说，有一老朋友对熊说"你已经六十六岁，年纪不小了，何必多此一举呢。"熊老笑而答曰："就是要在此一'举'呀！"两年之后，熊去世，毛则没有再嫁人，后来毕生从事慈善事业，其人品令人尊敬。一般名人之遗孀，在其夫君去世之后，做的都是慈善事业，我以为这比弄权做政治更好一些吧。想当年毛彦文曾是熊家的宾客，跟熊家上上下下都熟悉，后来入主之后承熊老之风气，所谓好人有好报，毛彦文一直活到了 103 岁。

等到毛彦文成了寡妇之后，吴宓又发起了一轮新的进攻，但都是无功而返。吴就像《小猫钓鱼》寓言中的那只小猫那样，对爱情一直充满好奇，但是总没有耐性。他的身边不乏女人，跟其中一个叫卢葆华的女作家也曾轰轰烈烈。卢是贵州人，当时也在杭州工作，结过婚有孩子，才情兼佳，但是最后这两人也没有结果。吴宓毕生都在大学里任教，对女生也总是先礼后兵，但没有一个女生吃得消他的追求。除了其年龄越来越大之外，他行为的怪异也是一个原因。当然，他有不少美德，比如他跟女生过马路时，会主动去拦住前面的车辆，显得非常有绅士风度。但是这样的绅士作派，绝对不是无缘无故的，绝对不是去维持交通秩序的，而一般的人只知其一，不知其二。

吴宓的第二次婚姻在他 60 岁的时候才姗姗来到。其情景当然是一树梨花压海棠的，只是其背后又有太多的苦涩。时年为 1953 年，当时吴宓是西南师大的教授，传说中当时是两女争一夫的局面——两位女的都完全是冲着吴宓当时的地位和工资去的，这自然是一点都不浪漫的。想想看当时跟一六十老翁还有什么浪漫可言呢？

两女，一是助教一是女生，后来那助教又跟别人有染，被指有生活作风问题，于是一个姓邹的女生争得先机。她当时是法律系的学生，但家境非常不好，父亲和两个哥哥都被镇压了，家里的田地房产也被没收了，无奈之中，她选中了吴宓作为靠山。她想如果能跟吴宓结婚，不仅自己政治上有靠山（吴宓是统战对象），经济上也有着落了（吴教授当时在西南师大是拿最高工资的）……当吴宓知道邹的家世后，他愿意资助邹包括她的侄儿们的生活，他并没有往婚姻这一方面去想，这说明他一开始对邹不是出于男女之情，而是真的是道义上的关心——“金钱名誉何足云”也真的是吴宓的写照。看吴宓的传记，我们便知道他这一生似乎更多是为情所困，而不是为钱所困，而且他对人的资助一直是比较大方的。一个坚持要以身相许，一个也不是坐怀不乱之人，经过一番周折，吴宓从不愿意到愿意，最后终于成婚，两人年龄相差 30 多岁。本来这对于吴教授倒也是美事一桩，谁知邹小姐有严重的肺结核，婚后医生就告诉她这个病不能生孩子，但她为了报答吴宓，硬是怀孕并生下孩子。孩子几个月之后就夭折了，而邹也是一病不起，不久便告别了悲苦的人世。

对于这一段黄昏恋情，吴在日记中如此说道——“黄花白发相牵挽，付与时人冷眼看。”不过他还是悉心照顾亡妻的亲戚的。晚年也曾有好友劝他跟陈心一复婚，但这一回却是他不肯了，他让人画了毛彦文的画像挂在自己的屋子里。当时的毛彦文远在台湾，只是到了晚年，毛彦文在接受采访时说到，她从来没有爱过吴。

呜呼哀哉！

吴宓后来曾在《新华日报》上撰文检讨自己在婚恋上的三个问题：第一是中国风花雪月的旧诗词中和才子佳人式的旧小说里的封建爱情观；第二个问题是西洋的浪漫主义文学如歌德、雪莱、缪塞等诗人之爱情观，加上中世纪文学所产生的堂吉诃德先生精神；第三是英美流行的男女交际及当时中国上流社会的所谓新家庭新人物之礼尚习俗，要求太太能说英语法语，能与外国人应酬……

综上所述，在婚恋问题上，大师就是毛孩子。这方面吴宓就是一个突出的代表，他处理不好自己的婚恋，总是毛手毛脚，总是出错。当然也有处理得当的，像胡适之。

大师就是毛孩子，那么这个毛孩子就是老顽童之形象。老顽童看似顽劣，但其一言一行，又是十分当真的。说得再高远一点，这样的人其内心一定是十分痛苦的，但是我们看到的却是快乐好玩的一面。

大师就是毛孩子，这本来是一出悲剧，却以喜剧的方式表现出来，这不令人伤感吗？

你先走，我站在此地望着你，
放轻些脚步，别教灰土扬起，
我要认清你的远去的身影，
直到距离使我认你不分明。





# 徐志摩：一个诗人和他的名人圈

由一个名人带出一群中外名人，非徐志摩莫属。

由一个名人，带出两位且美且艳的才女，又是非徐志摩莫属。

由一个名人，从他飞上天空，作别西天的云彩算起，一直到 21 世纪初，仍是人们关注的焦点，这也非徐志摩莫属。

关于他的传记，虽说不是汗牛充栋，但仍可以跟他的中学同学郁达夫有得一拼。在浙江省博库书城内，仅传记一类的，有关他及林徽因的书，加起来有一长排之多。据说，2007 年的流行语是“你太有才了!”这句话同样适用于徐志摩，但光是太有才那只是才子而已，才子身边必须有佳人，而且又必须是高品位的佳人，围在这些佳人周围的，又都是些高品位的男人。这样的名人圈，落在今天是必然能谋杀胶片又能制造口水的。今天的名人圈，基本是影视圈里的名人，这早已经是商业运作模式之一种。大家可以分红，于是对骂的对骂，死捧的死捧，不少还是情人档夫妻店，寡味得很。

志摩的朋友甚多，但几乎没有仇敌，在那个年代也甚为可贵。虽然聚会不可能由他来埋单，据说埋单者多为邵洵美，而召集者多为胡适之，但

徐志摩探甫士

要是志摩不到，整个气氛就出不来。朋友认为他有一种让女人爱让男人也喜欢的气质，有一种黏性和发酵的本事。

如果中国的20世纪要选十位才子才女，那徐志摩和林徽因、陆小曼便可稳占三席。

徐志摩身上有着太多爱恨情仇的元素，作为一个文人，他活出了他的精彩和极致。你就是随意截取几个片断，都有着流行电视剧的那些元素，虽然此前已有了《人间四月天》。现在他家乡的剧团又把他的故事改编成地方戏上演，据说仍有不错的票房。因为他不仅太有才了，而且还太有戏了！这样的才和戏，当下的人似乎很难模拟出来的，因为一个时代已经永远翻过去了！不仅像林徽因这样的小脚美人没有了，像陆小曼这样抽大烟的女人也没有了，当然能够在证婚时骂徐志摩的梁启超也没有了。这都是因为一个时代没有了，就真的什么都没有了！更不要说泰戈尔这样的大家！

有一点我们必须注意，志摩早年留学英伦，学的是政治和经济，而并非文学之类的。还有，志摩成名诗作是在他26岁时才写出的，他算是少年得志却并非少年成名。

从最简单的模式去看徐志摩他们，还是一个男人和三人女人的情爱模式，这一点他似乎跟戴望舒相似，这三个女人中，总有一个是追求不到的。但是志摩是一生爱着这个叫林徽因的女人的，跟望舒的不同点是，他不会给这个女人一记耳光，而是会永远追随她。当这个女人的男人梁思成挂出"情人不愿打扰"的牌子之时，他仍是痴无反顾。他为什么要搭一架邮政的飞机去北京，就是想赶上林徽因的一堂讲座——这也是志摩家人一直对林耿耿于怀的原因之一。然而当今天一个个名人都已经在历史舞台上谢幕之时，在他们的背影渐行渐远之时，我们渴望他们能转过身来，作个小小的

16 岁时的林徽音

林徽音与父亲林长民

林徽音更洋气的照片

定格。就那么一瞬间，也许我们可以看着一张张面孔的轮廓，猜想一些我们感兴趣的事情。如此，我们便可以诵着志摩的诗，在他的人脉诗脉中获得一点我们感兴趣的那种元素——

你先走，我站在此地望着你，
放轻些脚步，别教灰土扬起，
我要认清你的远去的身影，
直到距离使我认你不分明。

**林徽因**

上面这几句《你去》，是志摩写给林徽因的。

因为长得不好看，所以被叫做才女，这是今天人们对才女一词的理解，是有所戏谑的。而林徽因刚好能颠覆这一定义。这位生于杭州的才女，良好的家境和 16 岁就随父亲开始游历欧洲的背景，使她在见到徐志摩之时，对于所谓男女情事，自然比一般女子要发蒙得早。而其父林长民恰是志摩的朋友，所以到了后来，志摩去造访林家，已经是项公舞剑意在沛公了。

得不到的才是最好的，这一点同样适合徐志摩。如果照今天比较现实和理智的话来说，林徽因不嫁给徐志摩是明智之举。她选择梁思成以及选择建筑作为终身之职业，放到今天来看，那也是明智之举的，虽然她也是一个太有才的才女了，绘画、诗歌等也都颇有建树。学好数理化，走遍天下都不怕，这样的话总是有一定的道理的。没有道理的是，为何万千宠爱于一身。

我们要注意，林徽因看到徐志摩第一眼的时候，她才 16 岁，徐志摩 24 岁，当时的电闪雷鸣是可以想象的。后来有人责怪林徽因，说你们在火车

徐志摩、林徽因与泰戈尔

和鲜花在一起的林徽因

过隧道时不也热吻了吗，这让诗人神魂颠倒啊，为什么后面就抽身而退了呢？

一个女人难道就没有退的权利吗？热恋中的人们啊，有时比的不是谁热得更狂，而是要比谁冷得更快。

志摩是真性情之人，见到了天使般的林徽因，自然是想放心大胆地去追求她，所以这一边还没完全到手，那一边却已经要求结束那一段跟张幼仪无爱的婚姻了。这种时间差永远都是会有的，就像你在倒车时对距离的估算。志摩绝不会脚踏两条船——这就是那个时代男人的率性和认真之处。所以在这个世界上，至少有两个女人对林徽因是刻骨铭心的，一个是张幼仪，她出生豪门，为志摩生子育儿；另一位是陆小曼，因为在 1931 年，志摩是因为要赶到北京听林的课，所以从南京搭上了一班邮政飞机。

此种压力可能让林徽因一生都处在志摩的阴影之中，因为在才女和才女之间，美女和美女之间，都是有所谓相互不服气的。为此，我们要注意林徽因做过的两件事情。第一她在志摩飞机失事之后，想方设法要得到志摩的日记，第二她曾经写了一信给胡适之，信中是这样说的——

我的教育是旧的，我变不出什么新的人来，我只要对得起人——爹娘、丈夫（一个爱我的人，待我极好的人）、儿子、家族等等，后来更要对得起另一个爱我的人（这个人就是金岳霖）。我自己有时的心，我的性情便弄得十分为难……

这几天思念他得很，但是如果他活着，恐怕我待他仍不能改的，事实上不大可能。也许他就是我不够爱他的缘故，也就是我爱我现在的家在一切之上的确证。志摩也承认过这话。

是的，如果我们从林徽因的角度来看，志摩是很有才，是个真性情之

陆小曼

徐志摩与陆小曼

人，但我为什么一定要嫁给你呢。何况认识他的时候，他已婚。林徽因不想做罪人，这是她的明哲保身之道。然而从诗人的逻辑来看，我爱你，那我就一定要追求到你，你是一团火，我也要飞蛾扑火！

林徽因写信给胡适，让胡适出来说句公道话，这或许是最好的一种选择。至于说另一个大家兼怪人金岳霖，为了她而终生未娶，那可能不会让林徽因有太多的压力，有压力的反而是梁思成。而照今天的理解，金先生的行为，多少也是有一点点变态的，但在哲学家那里，好像又成了所谓的佳话了。

因为得不到，所以才会去追求，诗人总是用自己的行为去诠释——“婚姻是爱情的坟墓”是一名言，但是谁又能不进这坟墓呢？

志摩至死心里都挂着林徽因，这是明证。

林徽因的才华，仅一首诗即可明证，这首诗仅三句。以前我以为这诗句是出自志摩之手，现在才知这是林写给儿子的诗而并非是写给志摩的——

> 我说你是人间的四月天，
> 笑音点亮了四面风；
> 轻灵，在春的光艳中交舞着变。

最后一个字落在“变”上面，单音节，却也能自然而然。虽然全诗只有这么三句华丽处，但仅只三句也够了。

当然林徽因也留下了不少的疑团，比如我看有些书中提到但都语焉不详的，有的说她当年在海外时一定是允诺了志摩什么，所以志摩才会去离婚的，也有的说钱钟书和冰心都曾在文章中“讥讽”过林是一“风云人物”……这是文人相轻，还是其他什么原因？

陆小曼的山水画

林徽因和梁思成的成就今天仍为人们所津津乐道。照一般人看来，林的头上有三顶桂冠，第一是美女，第二是诗人，第三才是建筑师。

世上留下了一张她和泰戈尔和志摩的合影，堪称金童玉女千古绝配。

她是中华人民共和国国徽的设计者之一，但是我们更津津乐道的是——她是志摩人生的设计师之一，而且是主要的设计师。因为她的避闪，才有陆小曼的登场。



## 陆小曼

我时常想，现在有哪一个演员能演好陆小曼？在电视剧《人间四月天》中，演陆小曼的是伊能静，演林徽因的是周迅，演张幼仪的是刘若英。这三人中，刘若英的演技最高，伊能静虽然也不错，但要挑战陆小曼，只能说是勉为其难。伊有一种风尘味，但没有灵气，我有时会想到诸如周璇、上官云珠等老演员，以为在她们身上要寻找陆小曼的气质似乎更容易一些。现在的演员，不沉下心来是演不出那个时代的美女兼才女的。如果张曼玉年轻一点又努力一点，说不定能接近陆小曼的。

同样是才女，林徽因是智性和理性的，而陆小曼似乎更为感性。林徽因最后选择建筑，理性和艺术的结合体，而陆小曼身上似乎有更多艺术的中国式的气质，她的琴棋书画以及对戏的痴迷，也许已经是那个时代的极致了。如果说林徽因是一块冰，那么陆小曼就是一团火，冰火交织在一起，那是何等的情景呢！

志摩认识小曼时小曼已婚，且丈夫是军官，名叫王赓，仕途一帆风顺。当王赓调任哈尔滨警察局长时，陆又不愿去北国的冰天雪地，于是这巨大的空当便由志摩来填补了，这结果便是俩人一拍即合。对于志摩，这是他跟原配离婚又得不到林徽因之后的最佳选择了。对于陆小曼呢，当然是尝到什么叫恋爱的真味。用今天的话来说，两人经过感情重组之后，那是将人生的快乐提高至最高的境界了。而等到满城风雨之时，纸已经包不住火了，这一段爱情自然是得不到多少祝福的。梁启超认为一个人的幸福不应该建筑在别人的痛苦之上——这是代表老一辈的观点。而志摩的朋友，诸如胡适、郁达夫和刘海粟都是竭力支持徐陆之恋的，或许是有点同病相怜吧，你看胡适和达夫在情爱生活中也都有不少苦衷的。而在这一场风波中，倒是大画家刘海粟起到了至关重要的作用，第一他出面做了小曼之母的工作，第二又是他出面去做了王赓的工作。要知道这都是非常棘手的事情。陆家是何等家族？其父毕业于早稻田大学，参加过同盟会，后来一直在国民党财政部任职；其母是名门之后，画得一手工笔画。小曼有 8 个胞兄胞妹，但是老天不长眼，只有小曼得以长大成人，所以可以想见，两老把小曼是当作何等之人啊！其母后来说过一句意味深长的话——志摩害了小曼，小曼也害了志摩。





不伦之恋要得到祝福，只能去找当时最有声望的人。于是便有了梁启超的证婚词。在今天，结婚和证婚越来越像官场开会的仪式，所以现在我们看看这个证婚词还是挺有意思的，这将在下面的词条中再引述。另一个有意思的是在他们的爱情纪念册上。一位叫邵洵美的诗人题了这么一句：“一个茶壶，一个茶杯，一个志摩，一个小曼”，并画了一杯一壶。

陆小曼看到这题词却不太高兴，因为她知道这是从辜鸿铭那里舶来的，她不想做那个茶杯。她后来跟志摩说，你不是我的茶壶，你是我的牙刷，茶壶可以公用的，牙刷就不能公用。如果小曼到活到今天，听到“你是我的玫瑰你是我的花”这样的流行歌曲，不知会不会写出“你是我的牙刷你是我的牙”这样的句子？

不伦之恋终于结成正果。然而由此带来的却是一个走向坟墓的过程。其中很有趣的是，两个才华绝伦的人走到了一起之后，仍要面临人间烟火。传说陆小曼挥金如土，志摩只好东奔西跑到处兼课。他们的定居地是上海，小曼不愿意离开这个地方。当志摩要去北大上课时还是力请妻子与他生活在北京的，然而小曼不愿意，不愿意的主要原因还是因为林在北京。

但即便如此，志摩所赚的钱还是入不敷出，每月支出要千元以上，包括养着私家车及一大批佣人。仅 1931 年，即他出事的那一年，他就往返京沪八趟，可以说到处兼课赚钱，甚至也涉足商业上的事情，但他不像他的前妻张幼仪是经商之人。而且到了后期，陆小曼染上了抽大烟的习惯，起初是为治头痛病，后来说有了依赖性了，而且有了一个烟友兼票友翁瑞午。此人是翁同龢之孙，典型的玩主。据说此人还有一手好推拿之术，大约也属于保健医生之类的吧，每次都能让陆小曼飘飘欲仙。这一半得靠大烟，一半靠他的手艺。这时的志摩也步了王赓的后尘，他也是非常信任翁瑞午，他得去到处讲课啊，所以这机会便留给了翁瑞午。直至志摩出事之后，翁瑞午也一直陪着小曼的，只是小曼没有正式嫁给他，一方面实现了梁先生当年给他们的结婚证词上的话，另一方面也是对志摩最好的怀念。所以从中国传统的观念来看，小曼是替志摩守了寡的。她后来是跟翁先生同居过，但跟他有过约法三章，让他不要抛弃发妻。在一些人眼里，翁先生似乎是个反面人物，这常常让我不自觉地会想到电影《霸王别姬》中葛优演的那个角色。其实不然，翁瑞午何尝不是另一个徐志摩呢？而且他对陆小曼还做不到明媒正娶呢。





小曼逝于1965年，终年63岁，生前是上海文史馆馆员。据说这个职位还是毛泽东为她谋得的。一次毛在上海提及陆小曼，向人问她的近况，后来说她可以做点事情，于是陆才有了一个闲职，可以拿国家的工资。

据说，志摩走后，她每天在志摩灵前献一束花，长达30年。同时，她还竭尽所能，张罗出版志摩的全集。那个年代，志摩又非红色诗人，他当年的朋友，有权有势的也不多了，所以唯陆小曼一个人，还在为亡夫做着事情。

1965年，那已经是一个山雨欲来风满楼的年代了，她去得干净。而林徽因则比她早走了十年。

一代才女都是黛玉之身啊！用情太深，伤及身心。

## 张幼仪

她跟林徽因一样，完全接受了中国和西方的传统教育，只是相比于林徽因和陆小曼，她的名气没有她们大。但是她的家世却非常显赫，所以当年的这一桩婚事，可以说是郎才女“财”的结合。徐家看中的是张家的家世，张家看中的是志摩的才气。志摩的才气早在杭州读中学时就显露出来了，当时他才14岁，跟达夫是同班同学。那时似乎没有高考的指挥棒，所以从志摩当年留下的日记看，在杭州的读书十分轻松和愉快。如果没有妻

徐志摩和张幼仪 1921 年在法国巴黎

兄张君劢的引荐，志摩也不可能认识梁启超。张家的人很早就调看了他在杭州读书时的成绩，算是全面考察吧。后来张幼仪是先看到了徐志摩的照片，见过面之后印象也是一般，只觉得比照片上的人还要瘦弱。这也是一桩奉旨完婚的事情，遵循的还是门当户对的原则。

有一段记载，当年志摩在英国留学，因为寂寞，便让张幼仪去伴读。后来遇到了林徽因，当张幼仪看到林是小脚女人时，她简直有点怀疑夫君的审美眼光了。因为连她这样的女子都已经不裹脚了，丈夫为什么会喜欢一个小脚女人呢，所以一开始她并不把林放在眼里。后来离婚后她继续在国外攻读，终于成了有专长之人。

我们今天要谈论的是，什么是无爱之婚姻？这方面拿徐张的奉旨完婚的事来说似乎是不妥的，如果志摩没有碰到林，那么这一段婚姻至少是非常安全的。你想想，异国他乡的，你一个诗人纵然再有本事，也没有多少女子可追求啊！

张在与徐离婚之时，已经怀上了徐的第二个孩子。当时她在德国留学，她还是坚持把孩子生了下来，并且也跟徐离了婚，这完全是一个现代女子的做派。后来这个儿子不幸夭折。

1926 年她从德国回来之后，先在东吴大学教德文，后接办上海女子商业银行成为董事并出任副总裁，后又经营云裳服装公司，成为此公司的总经理。

如要比起成就来，张幼仪则完全超越了林和陆，我指的当然不是什么艺术和建筑啊什么的。她后来成了云裳服装公司的老板，这个公司据说也还有志摩的股份。志摩临死前的一天，他们还见过面，当时是志摩去她那个公司里定做衣服。第二天的深夜，张幼仪就接到了志摩出事的电报。此

林徽因的全家福

电报先是送给陆小曼的，但陆不肯接，认为这是假的，无论如何不肯接，陆小曼不能也不敢相信这样的事实。于是送电报的只好把电报送到了张幼仪这里。当听说志摩赶飞机是为了听林徽因的讲座之后，张幼仪的心情是异常复杂的，但她还是安排了13岁的儿子徐积锴去济南认其父亲的遗体。

比起林徽因和陆小曼，张幼仪是高寿的，她于1988年逝世。晚年每当人们提到“爱不爱徐志摩”这个问题时，张幼仪总是说：“我没办法说什么叫爱，我这辈子从没跟什么人说过‘我爱你’。如果照顾徐志摩和他家人叫做爱的话，那我大概爱他吧。在他一生当中遇到的几个女人里面，说不定我最爱他。”

这话堪称经典。这话出自《小脚与西服》一书，其作者为张邦梅，是很有一点女权主义思想的。志摩的父母是一直承认张幼仪而不承认陆小曼的，志摩的父亲后来干脆直接收她为干女儿。志摩长子徐积锴后学的是土木工程，在他30岁时，母亲跟一医生成婚。婚前张幼仪致信给儿子通报情况征求意见，儿子回信说：“母孀居守节，逾三十年，生我抚我，鞠我育我，劬劳之恩，昊天罔极。今幸粗有树立，且能自赡。请孙长成，全出母训。综母生平，殊少欢愉。母职已尽，母心宜慰，谁慰母氏？谁伴母氏？母如得人，儿请父事。”

有人说读到此信，可以相信徐积锴乃志摩之子也。而笔者读到这些言语，感到中国古典的一种美德，至少在语句中传达了出来。

张幼仪达到了那个时代一个女人所能达到的高度，她也承受了作为名人原配所能承受的痛苦。一般名人的原配，大多没有受过良好的教育，而张后来能走出阴影，我以为一方面和她的家族，特别是其哥哥的帮助有关，另一方面取决于其自身素养，这也避免了朱安、张华琼这一类的悲剧。

志摩和她所生的儿子徐积锴一直生活在美国，前几年徐家四代有一次聚会，旅美学者王海龙曾去参加，他说志摩的孙子曾孙辈是从书上看到祖父和曾祖父的事迹的，他们非常钦佩，但是他们中没有一个是学文科的，第三代第四代甚至连中文都不会说了。其中一孙倒是萌生了给爷爷写传的想法，但是苦于掌握材料甚少，所以打算用英文写小说。

如果志摩在天之灵有知，不知作何感想？

**王赓·翁瑞午**

陆小曼的丈夫是跳不过去的。在徐志摩的这些名人圈中，气场相近的人太多了，胡适之、邵洵美、刘海粟等，说起来都是同一类的人，唯王赓是个军人。

王赓并非简单之人，他毕业于清华大学，后在普林斯顿大学攻读哲学，后投笔从戎，又到西点军校攻读军事，他跟艾森豪威尔是同学。而且他跟志摩同是梁启超的学生，所以志摩跟小曼结婚时让梁启超证婚，这是一件令梁公十分尴尬的事情。朋友妻不可欺，而志摩正是利用朋友对他的信任而得到了陆小曼。当时王赓公务繁忙，于是便让志摩陪娇妻游山玩水——这显然是军人做派，而且他们的结合本身就是媒妁之言。

他和陆，曾是被双方父母都看好的婚姻，最后因志摩这个第三者的插足而破裂。

说起来，他和志摩同是梁启超的门生，后留学美国，先学哲学后学军事，是标准的新式军人。央视十套所作的《一场风花雪月的往事》一片中说他是个工作狂，每周有六日必在办公室的，其性情跟陆小曼大有差异。

所以当志摩渐渐接近小曼时，他一点也不防备。不仅不防备，而且内心可能还有点窃喜的，以为总算有人可陪陪妻子了。谁知志摩是如此认真之人，而小曼见到志摩，一团火也燃烧了起来。

于是志摩只好去找刘海粟。找刘之前是先去找了胡适，让胡适去陆母那里游说，结果胡适遭到冷眼。海粟的出面效果要好一些，一方面海粟也是小曼画画方面的老师，一方面陆母大概也看到了女儿和志摩的认真。

海粟请当事人及陆母和王赓等去上海功德林饭店吃饭，这等于是摆下了鸿门宴。

海粟虽然还没有完全挑明，只对王赓说了一些类似婚姻不应该给人带来痛苦之类的宏论，但王赓是何等聪明之人，他立即明白了这顿饭的意思，于是立即举杯说了祝有情人幸福之类的话。

毕竟是喝过洋墨水的人，或者说内心其实也是爱着陆小曼的，但王赓的表现却是绅士风度的。两个月之后，他们办妥了一切手续。后来，王没有再婚。他作为中国的外交官，于1942年4月死于埃及开罗，时年47岁。其墓是跟英军战士在一起的。据说王赓死于肝病，不知跟郁积了太多的痛苦有无关系。

王赓的后期，仕途也不是太顺。十九路军与日本军在上海交战时期，他在执行任务时，曾误入一禁区，被日本兵所抓，后来竟被诬为日本间谍，被南京军事法庭判处死刑，后坐了一年的牢才被释放并重新起用。

普林斯顿大学关于他的讣闻是这样写的——王的一生是诚实正直和爱国的。他给西点带来荣誉。

王赓这样的人实在也是少见的，但另一个男人翁瑞午这样的也极为少见。他和陆小曼同睡一个烟榻，后来志摩死后跟陆同居30年，但据称他和小曼是没有肉体关系的。小曼也曾对他说，两人要在一起是可以的，但是你不能同妻子离婚。

所以，翁和陆，是一种没有名分的关系，犹如长期的情人关系。

志摩生前也知道了他们的关系，但是他倒显得大度，志摩以为男女同睡一个烟榻的，倒反而不会发生性关系了。这一点志摩比别人看得更清楚。

后来读刘海粟的文章，才知道那一天他在功得林饭店请了好多人吃饭，除了有志摩小曼和王赓等人外，还有唐瑛和杨杏佛等人，因为当时杨杏佛也遇到大问题了，他爱上唐瑛了。小曼和唐瑛，有北陆南唐之称的，她们两个分别是京沪的大玩家。

杨杏佛后来死于非命。

那一顿饭有错综复杂之关系，比鸿门宴更为复杂。

在一幕复杂的戏中，总要有一个性格和形象都迥然不同的配角，此人非王赓莫属。

如果李安能来拍这一顿鸿门宴，我相信是不会逊色于《色，戒》的。

### 梁启超·梁思成·林洙

梁启超的婚恋，也适合于辜老先生的茶壶茶杯之说，只是当他成为一代大师之后，他还得做出为人师表的样子来。当徐陆之恋已经既成事实之后，大师感到为难了。一个是他的学生，一个是他的学生之妻，现在这俩人要情感重组，这不可能不涉及到第三者的，而且他也不会不知道，这个叫徐志摩的学生还是他儿子的情敌。

老先生也是纳过妾的人，不是说看不惯这种婚姻，只是他必须要找到他的逻辑，那也就是先抑后扬，先骂后贺。有人也说了，他让志摩结婚了，且认定这必须是他们的最后一次婚姻，这分明也是对儿子儿媳的一种保护。

请老先生担任证婚人，这是徐志摩父亲的决定，也是徐父答应儿子跟小曼结婚的一个条件。徐家似乎从来就不承认陆小曼，也不看好这一段婚姻，但是儿子要铤而走险，没有办法，只有让最高的精神领袖来证婚，才能平息人们的议论，也可给家人和家乡人一个交代。所以本来是走过场的证婚人，事实上倒成了一主角。因为这是一场不被祝福和看好的婚姻，像胡适之是志摩最好的朋友，他在他们的爱情纪念册上有题诗，但他本人并没有出席这场婚礼。

这是胡适之的聪明狡猾之处。

所以下面这一段话也可看作是经典证婚词了——

徐志摩！陆小曼！你们的生命，从前很经过些波澜，当中你们自己感受不少的痛苦！社会上对你们还惹下不少的误解。这些痛苦和误解，当然有多半是别人给你们的；也许有小半由你们自招的吧？别人给你们的，当然你们管不着；事过境迁之后，也可以无容再管。但是倘使有一部分是由你们自招吗？那，你们从今以后，真要由谨严深切的反省和勇猛精神的悔悟……你们努力罢！

你们基于爱情，结为伴侣，这是再好不过的了。爱情神圣，我很承认；但是须知天下神圣之事，不止一端，爱情以外，还多着哩。一个人来这世界上一趟，住几十年，最少要对于全世界人类和文化，再万仞岸头添上一撮土。这便是人之所以为人之最神圣的意义和价值。徐志摩！你是有相当天才的人，父兄师友，对于你有无穷的期许，我要问你，两性爱情以外，还有你应该作的事情没有？从前因为你生命不得安定，父兄师友对于你，虽一面很忧虑；却一面常常推情原谅，苦心调护，我要问你，你现在，算得安定没有？我们从今日起，都要张开眼睛，看你重新把坚强意志树立起，堂堂的作个人哩！你知道吗？陆小曼？你既已和志摩作伴侣，如何的积极的鼓舞他，作他应作的事业，我们对于你，有重大的期待和责备，你知道吗？就专以爱他而论，爱情的本体是神圣，谁也不能否认；但是如何才能令神圣的本体实现，这确实在乎其人了。徐志摩！陆小曼！你们懂得爱情吗？你们真懂得爱情，我要等这你们继续不断的，把它体现出来。你们今日在此地，还请着许多亲友来，这番举动，到底有什么意义呢？这是我告诉你们对于爱情，负有极严重的责任，你们至少对于我证婚人梁启超，负有极严重的责任，对于满堂观礼的亲友们，负有更严重的责任。你们请永远的郑重的记着吧！徐志摩！陆小曼！你们听明白我这一番话没有？你们愿意领受我这一番话吗？你们能够时时刻刻记得起我这一番话吗？那么，很好！我替你们祝福！我盼望你们今生今世勿忘今日，我盼望你们从今以后的快乐和幸福常如今日。

梁公把婚姻的责任和人生的责任都说了出来，这在今天也堪称经典的言论了，只是大师的话还是严肃了一些，他是把婚事当成了政治大事。我倒是喜欢看欧美电影中结婚的场面，牧师或教父的话言简意赅，大家听了也觉得很快乐。

梁公的话如果从事后诸葛亮的角度来看，也是不祥之兆。这是后话了，不再赘述。

却说国学大师的儿子梁思成出国留学学的是建筑，而林徽因则是曲线救国，当时美国的宾夕法尼亚大学建筑系不招女生，林只好学美术，但主修的还是建筑，时年为 1924 年。如果从这一年算起，梁林共同生活了 31 年。

如果我们从世俗的眼光看，一个诗人实在是不敌建筑才子的，何况梁思成的家世背景又是如何了得。现在比较著名的例子是梁思成与林恋爱时，梁曾经在门外挂了一块牌子，上书“情人不愿打扰”——此牌自然是给志摩们看的。志摩碰到了一个强硬的对手，而且问题是志摩认识林的时候他已经初为人父，这一点让他后悔结婚太早。其实每个男人和女人可能都会遇到这样的波折，问题是志摩碰到的思成，竟然是他老师的公子。

所以我们很能理解，林为什么选择梁而放弃了徐，这跟施绛年不选择戴望舒而选择一个冰箱推销员是同样的道理。当然梁公子也是有疾之人，比如一腿因车祸微微有点跛，他的背上也有固定的钢架子，但是无论怎么看，梁林之恋都是天作之合，而那个叫金岳霖的哲学家一生未娶，却成了他们一生的好朋友。金先生在当年志摩与小曼的婚事中也是出过不少力的，是朋友圈中的一个重要人物，由他的例子也可以看出，梁思成肩上的压力有多大。可以想象，不知有多少朋友明恋暗恋着林徽因的。不过现在传出来的版本是，梁林夫妇是坦诚相见的，所以有一天林对梁说她同时爱上了两个人不知该如何取舍时，梁对林说，你是自由的，如果你挑选金岳霖，我将祝你们永远幸福。后来林把此话告诉了金，金选择退出，他的理由是——看来思成是真正爱你的，我不能去伤害一个真正爱你的人，我应该退出。

我不知道这是哪里来的版本，这个版本中，林、梁和金都是好人，都是真君子。

林徽因去世后7年，梁思成又婚。他的第二任妻子叫林洙，比林徽因小24岁，而且她与林徽因是远房亲戚，也是本家。1948年，林洙考入清华大学先修班，当时她父亲开了一份介绍信，叫她去找林徽因。两位林家姐妹就是这样认识的。之后，林徽因给了林洙很多生活上的帮助。林洙回忆初见林徽因，第一眼是从照片上。"啊！我终于见到了这位美人。我不想用细长的眉毛，大大的眼睛，双眼皮，长睫毛，高鼻梁，含笑的嘴，瓜子脸……这样的词汇来形容她。不能，在我可怜的词汇中找不出可以形容她的字眼，她给人的是一种完整的美感：是她的神，而不全是貌，是她那双凝神的眼睛里深深蕴藏着的美。当我正在注视这张照片时，只听卧室的门'嗒'地一声开了。我回转身来，见到林先生略带咳嗽、微笑着走进来，她边和我握手边说：'对不起，早上总是要咳这么一大阵子，等到喘息稍定才能见人，否则是见不得人的。'"

林洙说当时她见到林徽因时，她已经瘦得不成样子了。但是她怎么也不会想到，她在14年之后会步这个瘦美人的后尘，成为梁先生的妻子。林洙有过一次婚姻，丈夫跟梁思成也是同行，后来离婚。在经历了林徽因去世、林洙离婚后，梁思成和林洙有了更多的机会相处，当时梁思成对林洙开玩笑说，他再择偶的标准是"三要三不要"："老的我不要；丑的我不要；身体不好的我不要。但是反过来年轻的、漂亮的、健康的人就不要我这个'老、弱、病、残'了。"

梁思成因为北京城的保护等，近几年来浮出水面。

晚年的林洙整理出版了梁思成及林徽因的著作等。

林洙是一个被挡在名人后面的人。她自然不是志摩朋友圈中人，她是朋友圈外的涟漪，命运波及到了她，所以晚年的她也发出了一点声音。这个声音是低调的，是不得不低调的。

即使低调，也还有人对林洙颇有非议的，因为她是跟丈夫离婚之后才与梁思成结婚的，且当时丈夫正遭批评之时。但每个人都有一本难念的经啊！

**金岳霖**

现在我们要来说说这个怪老头了。这也是一个配角，而且比较多的是喜剧色彩，这跟王赓的悲剧有所不同。

这是一个特立独行的人。有人说他是中国哲学第一人。解放后做北大哲学系主任，当时要求他在办公室办公坐班，他说他从早晨起来就去办公，但等了一个上午，“公”却不来……

当年留德时，他就是徐志摩和张幼仪离婚的证人之一，因为他是志摩的好朋友。不知道是不是因为这事，让他终身未娶，虽然很多人认为他是追林徽因不成而终生不婚的。徐志摩和张幼仪离婚，据说是当时中国社会的第一桩公开的离婚案，或言之，那是一次文明的离婚。

金老 86 岁时，《林徽因传》的作者请他给林写一段话，金老思索良久却并没有下笔，他说：我所有的话都应该同她自己说，我没有机会同她自己说的话，我不愿意说，也不愿意有这种话。

这说明金老是低调的。但还有一传说，说在林徽因死后的有一年，他请朋友们到北京饭店吃饭，但又不说明是为什么而请，去了之后金老才说今天是林徽因的生日，所以请大家来吃饭，这是和大家一起来纪念。其实喜欢林徽因的不止他一个人，只是有的人不再愿意出来承认罢了，何况还有金先生这一块大牌子挡着。

这可见金老又是一深情之人。这样的人在林徽因去世后仍未婚，可见非同一般。深情而又能想通想透，这是很不容易的。金老活了 90 岁，于 1984 年去世。我看一本书上的那些国学大师的生卒之年，发现百分之七十以上的大师们都是高寿的，我想大师们想得开想得通大概是一原因吧。

今天的人，总会感慨于郁当年的赤子情怀。一般说来，小说家要比诗人要理智，而做学问的又要比小说家来得理智。郁的骨子里是个诗人，天真放浪有时又非常率性。他在南洋的最后一次婚姻，他甚至会为妻子是处女而大呼小叫，这恐怕是今天芙蓉们也不会做的事情，可是郁却敢这么做。





# 郁达夫：怜君亦是多情种

杭州富阳有座鹳山，不高，望江景却甚好。旁有一郁达夫的故居，我去过数次，每次去都会想起郁达夫写故乡的一些文字，同时也总会感慨他那多艰的命运。这么多年来，郁达夫的情感生活总是被一再提及，如果放在今天的角度来看，又好像不觉得有多少奇怪了。只是从没有一部好的影视片来表现过，表现鲁迅的郭沫若的也没有过，可能还是为名人讳吧。徐志摩的有过一部《人间四月天》。倒不时有些纪录片，是关于郁达夫在南洋的，关于风雨茅庐的。

史量才的问题郁达夫也碰到了，如果仅仅从家庭的关系来说，那么李叔同碰到的也是同样的一个问题。即一个男人，一个中年男人，一个成功的中年男人，在妻子还健在的时候，他在外面又碰到心爱的女人了，这个时候他该怎么办？

李叔同的日本女友跟着他来到了中国，被李安排在上海的一个弄堂里深居简出。

史量才在上海遇到了改变他一生命运的沈秋水，然后又遇到了李思纯，他想好了安顿原配和秋水的办法，但是却没有逃过飞来的子弹。

郁达夫和王映霞

郁达夫呢，也是在上海的一个弄堂里，在朋友孙百刚的家里遇到了杭州女生王映霞。从他留下的日记和书信来看，那完全是对王的一见钟情，于是开始了狂追猛打。当时王只知道他是个著名作家，而且也很长时间没有看到他的新作了。时年郁 31 岁，王 20 岁。从现在的照片来看，王的确是美女，且是比较丰丽型的美女。

我后来读郁达夫的文字，觉得他的散文比小说好，而他的古体诗又比散文好。而最好最为自然的则是他的日记和书信，尤其是在追求王映霞时的那些书信，真是五味俱佳。这种五味倒不是说有多少文学价值，而是指有难得一见的真性情的流露。正如现在人们看王朔的一些对人对事的话，倒也还是说了几句大实话的。当然现在的博客一族写起字来也是妙语连珠的，只可惜在情书方面似乎有所退化了。或者说情书从来都是有遗产价值的，人活在当世，情书一公开就等于是绯闻，只有在若干年后公开，人们在物是人非之后才去赞叹那些文字。所以我也不能说今人写情书的功能退化了，只能说情书泛化了。今天，你只要在电脑上输入自己的一个名字，然后就可以很搞笑地跟巩俐章子怡林志玲等美女们共度圣诞和新年了。那么这个时候你会想，我何必再码那么多字呢，一个电话一条短信——来还是不来，行还是不行，搞还是不搞——统统可以搞定了！

而这个时候，郁的原配夫人孙荃生活在北京。在这里我们至少要澄清这样一个事实，即这些名人的原配好像都是裹小脚的封建女人，其实不然。这些成功的中年男人，在他们的青年时期，其实已经接受新潮思想了，所以史量才的原配庞明德，曾和他一起办蚕桑学校；李叔同的原配也是初通文字的，而郁达夫的原配孙荃及她所生的儿女，更是郁所不能割舍的，这有他写给孙荃的诗为证，当时他正要辞别妻儿去日本——“立马江浔泪不干，长亭诀别本来难，怜君亦是多情种，瘦似南朝李易安……”

我这里用了“原配”一词，实际上并不确切。因为这些男人从未休掉过这些女人，从法律上说从没有离过婚，所以后来他们的那种婚姻形式，要么就是重婚，要么就是纳妾了——这似乎也是那个时代较为开放的一面吧。然而对于男主人公来说，比如对于郁达夫来说总有摆脱不了的痛苦，正如他在日记中所写的——我一边抱拥着映霞，在享受很完美的恋爱的甜味，一边却在想北京的女人，呻吟于产褥上的光景。

在恋情热烈的时候，这一对才子佳人就像今天的白领男女，他们享受着男欢女爱。俩人都喜欢美食，在杭州和上海，是一家一家的餐馆吃过去，然后回来再学着做菜。郁达夫喜欢喝酒，也有醉卧雪地的传闻，好在是南方，郁达夫还能在雪地上醒过来。而他们在杭州所建的风雨茅庐更算是一段佳话了，只是这种佳话后来还是抵不住风雨的力量。

风雨茅庐建好半年之后，王映霞去上海请鲁迅先生题词，先生很是深沉地写下一首，今天来看，我们当然很难用结果去推导原因。但是鲁迅先生对杭州的评价，在今天也是值得文化人思考的，且看《祝郁达夫移家杭州》——

钱王登假仍如在，伍相随波不可寻。
平楚日和憎健翮，小山香满蔽高岑。
坟坛冷落将军岳，梅鹤凄凉处士林。
何似举家游旷远，风波浩荡足行吟。

这诗是鲁迅先生写给王映霞的。诗名是后人取的，从当时的情况来看是不太确切的，比较确切的应该是《赠王映霞》。郁达夫后来在《回忆鲁迅》中说：“这诗的意思他曾同我说过，指的是杭州党政诸人的无理高压。”

为写此文，我专门去看了一下位于杭州大学路场官弄的风雨茅庐。就像我这样对大学路蛮熟悉的人，还是很难找到这茅庐的。虽然门口有碑，但一看这是个派出所又不太敢相信，直到走进派出所才豁然开朗。

见了房子，没有感到意外，只有些许感慨。其实在这房子里，郁达夫和王映霞并没住多少时间，特别是达夫先生，可以说未能享受其安居生活。一介书生，本来是想过清静日子的，但总是事与愿违。当初造房子借了人家的钱，而自己的稿费又越来越少，所以郁达夫是注定要跟“杭州党政诸人”打交道的。据《王映霞自传》记载，家中常常是绣衣朱履，高朋满座，觥筹交错，笑语笙歌，经常来郁达夫家饮酒谈天的就有“杭州的党政诸

在富阳的郁达夫故居

风雨茅庐一角

人”：浙江省政府主席黄绍竑、浙江省财政厅厅长程远帆、浙江省教育厅厅长许绍棣、杭州市市长周企虞、福建省政府主席陈仪……郁达夫与他们都是旧交，关系特熟。这还不算，1933 年 11 月郁达夫还应杭州铁路局之邀，沿浙赣线免费旅游，写了不少铁路沿线景点的随笔，这也就是郁达夫为什么会有那么多游记的原因。他当年也是奉命而作，但是却写得非常之好。

所以也有人认为，说他受“杭州党政诸人的无理高压”是有违史实的，至少一开始，他跟这些党政诸人的关系还是好的。如果不好，后来陈仪也不会请他去福建了。

郁达夫是写过《迁杭有感》一首的，不知算不算是对鲁迅先生的应和之作。应和之中，还是能感觉得出郁的满意程度的。

冷雨埋春四月初，归来饱食故乡鱼。
范睢书术成奇辱，王霸妻儿爱索居。
伤乱久嫌文字狱，偷安新学武陵渔。
商量柴米分排定，缓向湖塍试鹿车。

扯远了，拉回来。

和今天的白领们不一样的是，王给郁生了四个孩子，其中一个夭折。王生过四个孩子后还是美人一个。在郁外出“打工”之际，风雨茅庐一度成了沙龙，当然大家都是冲着沙龙的女主人去的。注意那毕竟是一个乱世，在乱世做一个美人是不易的，所以后来王映霞就有了孤独和不被理解之感。而由这种痛苦以及由此而引起的种种误会，终使郁达夫有了戴绿帽子的感叹，后来他又写下《毁家诗纪》十九首公开发表，将家庭矛盾社会化，很理所当然地把他和王感情破裂的原因归咎为第三足插足和王的移情别恋。这当然是郁的一面之词，后来我也看过王的《半生自述》，回应了郁当年的种种责难，不过这都是后话了。王和郁的两个孩子，在他们离婚之后，都由郁托人照看。郁后来在南洋被日本宪兵杀害，他不可能再有机会来作任何辩白了。解放后王在上海做了老师，也嫁了人。

关于这段婚变事件，历来没有公论。只是央视十套的电视系列片《那一场风花雪月的往事》之《风雨茅庐》篇，把王红杏出墙之事做得似乎是言之凿凿的。而学人徐重庆是坚持认为这是捕风捉影之说的。倒是湖畔诗人汪静之在晚年爆出猛料，不再说是王跟许的事情，而是说王映霞还跟戴笠有染。怎么办呢？当事人都不在了，也只能略备一说吧。

当然，许厅长也好，戴笠也好，他们都是一个男人，而不是一个符号化的角色。符号化面具化之后，似乎来自道德的审判就更多了。

实际上一个美女的红杏出墙也属正常。但问题是郁的处理方式上还是十分文人化的，他喜欢将之公开化，于是泼出去的水就收不回来了。其实在这种相互伤害面前，王的痛苦未必比郁的少。而且一般来说，话语权又掌握在男性当中，所以王后来要出版她的自传，我想这是有道理的，至少表明了她的一种态度。如果将她的自传和郁当年的日记对照起来看，那么我们读者自然是可以作出一种判断的。

也有人说了，郁的情感经历有点像他在杭高的同班同学徐志摩，而陆小曼和王映霞也有得一拼——这当然是就共性而言的。可是如果仔细看，郁就没有徐那样的自信，至少他对于自己的相貌，还是有着自卑的。徐志摩虽然在林徽因面前吃了败仗，但后来能攻下陆小曼的堡垒，这说明他是有着很大的自信的。徐诗人在外奔波的时候，陆小曼也跟翁瑞午先生交往颇多，传闻也是刮进诗人的耳朵里的，但徐志摩显得要比较开放一点。他就认为，即使陆小曼和翁瑞午同睡一个烟榻，那也是跟烟枪的亲近，而绝非有肌肤之亲的。这是徐志摩对女人的看法，也是他的一点自信。

徐游欧，郁游日，这也是有很大的不同吧。不同的文化，也造成他们对女人不同的态度。同样是爱，但表现方式是不一样的。情多自古累美人，这是郁达夫的诗，说得很巧妙，这也是他对自己爱情的一种诠释吧。

郁达夫后来在南洋又有一段恋爱经历，与一名叫李筱瑛的女子交往，后来又娶何丽有为妻，时年郁达夫 48 岁（结婚证词上他少报了 8 岁），何 20 岁。从今天的照片看，何是个标准的“丑妇”了。为何作这样的选择，这跟郁达夫当时的身份和心理有关。说身份，当时郁化名赵濂，做的工作是翻译，如果一个中年人身边无妻，会引起日本人的怀疑；而心理上呢，他认为漂亮和聪明的女人都给他带来了很大的麻烦，所以他便有了和他审美绝对不符的选择。然而我们似乎也可以说，在郁达夫生命的最后时期，恰恰是这个姓何的妇人给他带来了很大的安慰和满足。虽然劫难已经罩在他头上了，但这不是他一个人的劫难，而是国家民族和那个时代的劫难。对了，何丽有也是郁达夫给妻子取的名字，意即何丽之有？

郁达夫和3位女子共生有8个孩子，也属于多产作家了，但是他的情感命运，却如富春江水一样，总是那么波澜诡奇。我有的时候喜欢在鹳山上对着江景发呆，这个呆就是看这一两江相汇处的水流变化，由此想到的情爱中男女的相见相交，其实也是这一番情景。当然，对于鹳山，我毕竟是一过客，虽数次登访，但总是匆匆的，正如我们人生的行踪。现在读郁达夫的文字，除了感觉漂亮和才华之外，更多的思索便是——我们现在的人已经摆脱了上一辈再上一辈人的命运了吗？

肯定没有。只是这江水可能已经没有像当年那样清澈了。设想一下，如果是在今天，郁先生可能会把他的《毁家诗纪》写在博客上了。只是像他这样名气大的人，即使到了南洋，要想匿名恐怕也难了。一般说来，小说家要比诗人要理智，而做学问的又要比小说家来得理智。郁达夫的骨子里是个诗人，天真放浪有时又非常率性。他在南洋的最后一次婚姻，他甚至会为妻子是处女而大呼小叫，这恐怕是今天芙蓉们也不会做的事情，可是郁达夫却敢这么做。

这么率性的文人，今天是没有的了。今天那些在博客和荧屏上作秀的所谓名人，大多是商业炒作，不说也罢。但是我们又不得不说，郁达夫还是没有经营好自己的婚姻，尤其是他跟王映霞的这一段恩怨。有的时候，一个男人的才气过高，再加上或自恋或自虐或暴露的倾向，让他把两人世界中的矛盾给公开化媒体化了，这就是在今天，也没有人吃得消的。究其原因，郁先生可能还是太爱自己的文字了，所以才会把《毁家诗纪》发表出来。

现在作为一名读者，如果能心平气和地看郁达夫的诗，那真是好诗啊，如《毁家诗纪十九》——

一纸书来感不禁，扶头长夜带长吟。
谁知元鸟分飞日，犹剩冤禽未死心。
秋意着人原瑟瑟，侯门似海故沉沉。
沈园旧恨从头数，泪透萧郎蜀锦衾。

空庭飞着流萤
高台走着狸生
人儿伴着孤灯
梆儿敲着三更
风凄凄
雨淋淋
花乱落
叶飘零
在这漫漫的黑夜里
谁同我等待着天明



## 马徐维邦：一生的悬念戛然而止



这是一个创造了多项纪录的杭州导演。他早年父母双亡，被父亲的朋友抚养长大，喜欢美术和美工，18岁考上上海美专，曾留校任教，后来回杭州到浙江美专做老师。

我们现在可以设想，如果他不迷电影，或许也将是一位不错的画家和美术教育家，虽然有人说他当年的画很一般，但人们都承认他的艺术感觉不错。只是在马徐学画教画的时候，迷上了一种最新的艺术形式——电影，并且为之而如痴如醉。当时的杭州，据《浙江电影志》介绍，在基督教青年会、大世界游艺场和西湖共舞台等处，已经开始放映外国"滑稽新片"与"侦探长片"了。学美术的马徐特别痴迷电影上的化妆术，因为那个时候，银幕上已经出现了"千面人"的形象，马徐很想一试身手。

1924年他跑到上海，用毛遂自荐的方式投奔在明星公司张石川的门下，先美工，后客串演员，再做名正言顺之导演。经过十年打拼，改投了不少公司，自己也组过电影公司，但最终还是给人打工的命。

有人回忆说，马徐导演待人很好，却不善跟人交际，对老板也是不卑不亢的，所以像他这样的人，一般很难在大公司立足。他曾自组天马电影

帅气的马徐维邦

公司，大概是取天马行空独往独来之意吧，可惜独往独来是要以经济为基础的。

十年打拼，终于以一部《夜半歌声》传世。

我以为马徐的生活和创作创造了多项纪录，这是值得一说的。

第一，要从他奇怪的复姓说起。他本姓徐，当时与一位姓马的小姐热恋，并开始谈婚论嫁，马家便提出来了，他们无子，如要结婚只能让他入赘。马徐（当时还应该是叫徐维邦）当时也已没了父母，于是自作主张就答应了，这样一来就得改叫马维邦了。但是他很快又意识到自己是个独子，再怎么说也不能断了徐家的后啊，两难之间，他只好在自己的徐姓之前冠上一个马字，形成一个绝无仅有的复姓“马徐”。后来他生三子一女，三个姓马，一个姓徐，倒也没有完全搞平均主义。

第二，他是恐怖片之王，他的《夜半歌声》至今仍被人们津津乐道。现在市面上也还能买到他导的《夜半歌声》和《秋海棠》，虽然音画效果很差了，但总还能一看。

百闻不如一看，看了《夜半歌声》，你会大吃一惊。这一惊并非情节有多么恐怖，今天我们已经受了无数欧美日恐怖片的熏陶，要说被吓倒是难免有些夸张的，何况这还是70年前的电影呢。我说的大吃一惊，是因为“恐怖”只是此片的外壳，其内核却是非常进步非常革命的，这是我以前所不知道的。以前所谓恐怖片，大抵总是归入商业片的范畴。但是《夜半歌声》里的宋丹萍是一个被黑暗势力毁了容的演员，同时他又是一个不懈抗争黑势力的人物。特别是电影中的那些插曲，都是由田汉作词、冼星海作曲的，像《黄河之恋》经传唱后堪称名曲，在抗日战争中不知鼓舞了多少热血的青年。

《夜半歌声》剧照





《夜半歌声》一开始用倒叙的方式，讲一个剧团在大雨中来到了一破败的剧场，他们准备在这里上演一场新戏。就在主演孙小鸥排练时，阁楼上却传来了歌声，而这歌声又分明就是孙小鸥要唱的曲子。他循声找人，结果找到了一个恐怖的蒙面人，这个蒙面人就是宋丹萍。

宋丹萍跟孙小鸥讲起了自己的身世。宋原来也是一名演员，从事进步的演剧活动。他与大地主的女儿李晓霞相恋，遭到大地主的阻挠和恶霸汤俊的陷害，汤俊指使人用镪水烧毁了他的面容。宋丹萍无脸见人，只得藏匿戏院顶楼，托人假报已死，李晓霞得知后精神失常。每到夜晚，宋丹萍昂首高歌，李晓霞则在歌声中得到安慰，恍恍惚惚过了十年……

就这样孙小鸥结识了宋丹萍。宋丹萍在艺术上帮助孙小鸥，同时他还想让孙去安慰李晓霞，而晓霞在见了孙之后好像神志也恢复了。不久汤俊在看戏时侮辱并开枪打死剧团女演员绿蝶，这个绿蝶又正是孙小鸥的女朋友，宋丹萍从楼顶跳下与恶霸搏斗，汤失足摔死，宋丹萍也被烧死。

从今天来看，《夜半歌声》是恐怖片＋歌舞片的模式，据说这是以美国电影《剧场魅影》为蓝本改写而成的一个剧本。2004 年，这个《剧场魅影》的音乐剧组来到上海演出，同样是非常轰动。这至少又给了我们一个信息，即中国电影在起步的二十几年中，是很会拿来主义的，那也是跟国际接轨并吸引观众的一个办法。

同时这个电影的拿来主义又解决了一个本土化的问题。据说为这个剧本马徐维邦数次跟田汉探讨，而当时田汉被软禁在南京，所以马徐不停地往返于沪宁线。可以肯定的是，田汉不仅仅作了三首词，他还赋予了此片抗战的主题，这就跟中国的国情搭上了脉。而且因为田汉所写的《夜半歌声》的插曲，才使此片最后定名为《夜半歌声》的，否则很可能还是叫

《秋海棠》的海报

《剧场魅影》的。

不可否认的是，此片的轰动跟宋丹萍恐怖的面容造型还是有关系的，金山饰演毁容前后的两个角色，还是具有非常大的震撼力的。这也正是马徐化妆的拿手之处。另外，剧场的看门人也是一个极怪的造型，不知是不是受到当时《钟楼怪人》（即《巴黎圣母院》）的影响？

还有一点，那就是不能小看商业宣传的效应。在不少老影人的回忆中，都有如此一幕。说是当时出品此片的新华公司老板张善琨极善炒作，时称“噱头大王”。当时除了在《申报》等主要报纸上连做广告之外，为配合影片上映，张在上海闹市区的新世界与国际饭店间，悬挂了一幅八层楼高的巨大海报。海报画面上极尽渲染阴森恐惧之氛围，刻意营造一种令人毛骨悚然的感觉：男女主人公互相手拉着手，四目睁得浑圆，表情惊悸失态；广告下方是一个鸡皮鹤发老态龙钟的婆婆，弯腰驼背手持蜡烛……更轰动的是，没过多久海报的下角就裂开了，当风吹来时，持烛的老太给人一种前后摇动、烛光忽明忽暗的恐惧感。

如此的恐怖效果，而广告又正对准热闹的南京路的一个公交车站，说是有一天，一个小女孩下车之后即看到了这广告，顿时吓昏了过去，送到医院高烧不止，三天后去世。

《夜半歌声》吓死了一个小女孩——这成为当时最为轰动的事件。

这一事件很快成了上海各种报纸的猛料，也成了市民街谈巷议的佐料。虽然有点真假莫辨，但这可以说是继阮玲玉自杀后的最为轰动的事件了。如此一来，这《夜半歌声》的票房便一路飙升。明知可怕，但还是想去看一下，这便是恐怖片的魅力所在，导演和制片方都深谙此中道理。虽然后来市政当局让制片方拆除广告，并要求在电影的宣传上必须写上“六岁以下女孩不能单独看此片”的提示语，但这正好达到了制片方的目的，马徐维邦也由此获得了“中国希区柯克”的头衔。

那个时候，希区柯克也已经为人所知了。上世纪二三十年代的上海，是一座在文化生活上完全跟国际接轨的城市，当时的美国进口电影，比今天的进口配额要多。

要知道那是在70年前啊！

还要来说说马徐的电影模式，这可以《秋海棠》为例。《秋海棠》是鸳鸯蝴蝶派秦瘦鸥的作品，曾有民国第一言情小说的美誉，现在也被改编成电视剧而搬上荧屏了。当年曾先后被改编成话剧、沪剧、越剧和评弹等，历演不衰。马徐维邦“耗一年的光阴”把它拍成上、下集，搬上了银幕。有人回忆说，马徐维邦拍摄《秋海棠》，可以说是呕心沥血。他曾经说，《秋海棠》是他“生平心血的纪念”。马徐维邦对演员的要求非常严格，“对演员每一细小的动作和表情，都非常注重；一场戏连拍一个星期是常有的事”。由此马徐又获得了一个称号——慢车导演。

马徐拍此片时是1943年，当时他已经是一个大红的导演了。

这是一个非常言情的故事，大致情节是说在戏班唱戏的旦角吴玉琴（艺名秋海棠），当时已经非常有名气，慕名来一睹风采的也有不少。这其中就有袁师长，但他只是抱着一种对戏子的戏狎。这让秋海棠感觉到一种侮辱，他想不明白，自己为什么要学旦角。有一次，秋海棠应袁师长之约参加了女校的毕业生典礼，为优秀毕业生罗湘绮的发言所打动。而等到秋和罗再次相遇的时候，罗湘绮的身份已经是袁师长的姨太太了。由于相同的经历，俩人相互倾诉衷肠并产生了爱情。不久，罗湘绮怀孕并生下一个女儿。而这一切都被袁的季副官发现了破绽，季多次敲诈秋海棠要钱，最后秋海棠忍无可忍只得反抗，于是季副官把秋和罗的“隐私”告诉了袁师长。结果，保住了性命的秋海棠脸上被划了十字，他带着生下不久的女儿到农村务农。不久革命军进攻，袁大帅被打死。罗湘绮则通过长大的女儿找到了秋海棠，为了不让罗湘绮看见衰老而残破的自己，秋海棠跳楼自杀了。

马徐的电影分上下集，长约220分钟多，其中文艺腔戏曲腔也是颇浓的。而且我们很容易发现，就是在这样一个言情的故事中，也还是有着恐怖的影子，有着《夜半歌声》的影子。为什么这么说呢？因为都有男主角被毁容的主要情节，且毁容后都是躲避社会躲避人群，同时心里又怀着对恋人的愧疚和忏悔。所不同的是，《夜半歌声》是恐怖片的元素，而《秋海棠》是文艺片的套路。相同的是，两部电影中，被毁容之前的男主角的扮相都是俊美的，尤以秋海棠的扮相，因为是旦角出身，所以比较女性化，传闻张国荣生前最想扮的一个角色就是秋海棠。而秋海棠在被毁容之后，相比于被毁容的宋丹萍，他只是被季副官划了一个十字，不算特别丑陋，但是他仍然不想见罗湘绮。当罗后来要找到他时，他觉得无脸去见她，所以选择了以自杀来告别人世。

在马徐的电影中，被毁容的男人，背着心灵十字架的男人，这一点给人印象尤为深刻。而女人呢，都是痴情的。他们的对立面呢，总是有一股强大的恶势力。恶势力虽然最后被消灭了，但男主人公也总要付出生命的代价。

还是写《秋海棠》的小说家对马徐最为了解，秦瘦鸥后来如此说道："我在 10 年前，就听到马徐维邦先生的大名了。他所编导的《夜半歌声》一片，更是内外行一致推许的。其后他又编导了好几部相类似的片子，因此大家都称他为'恐怖导演'。其实所谓恐怖者也，只是他所导演的那类戏剧或电影的外表而已；论其内容，则无不饱含讽刺成分。方之卓别林的滑稽片，实无多让。说得清楚一些，那就是马徐先生通过了浪漫主义的手法，借着恐怖的烟幕，来宣泄他个人对于社会的不满和愤憎。"

有人曾评论马徐的导演之路，说他成名过早，或者说高峰来得太早，这使得他以后很难再去超越了。这跟他的同乡李萍倩不一样，李导一生导演经历就有 60 年，而马徐一生也只活了 60 岁。37 岁时他导出了《夜半歌声》，43 岁时导出了《秋海棠》，这是他的两部巅峰之作，后来就很难再有超越的了。

马徐在编、导、演等方面也是全才，但以导演最为出名，所导片子大约有 40 部以上，编剧有十多部，作为演员参演也有二十几部，作为美工参与的也有十多部，可谓电影的全才和奇才。特别是作为演员，他长相俊美，非常适合那些男主角，再加上他自己喜欢化妆，喜欢在银幕上扮演千面人的形象。从现在留下的照片来看，马徐的光彩是不亚于当时的影帝刘琼的，虽然个头上比刘琼要小一号。只是马徐作为演员方面的才华还是被他导演的光芒掩盖了。

或许还得谈谈马徐在上海孤岛时期的经历。当时他跟李萍倩一样，也是留在上海，也还是在坚持拍电影。自然，那种喊抗日的电影是不能拍了，主旋律是没有了，拍的也是一些艺术片和商业片。他也不可谓不努力，但影响力却不是很大，没有能像《夜半歌声》和《秋海棠》这样的作品传世。当然即使是《夜半歌声》和《秋海棠》，当年也有反对的意见，特别是对于后者，有人以为主人公总是一种不敢面对现实的做法，虽然有所反抗，也宁为玉碎不为瓦全了，但这个玉，只是个人情感的小玉，而不是民族的大玉。当时马徐参与的中华联合制片股份有限公司、中华电影股份有限公司、满洲映画协会等公司，其组合成分是非常复杂的，所以就有李萍倩的《茶花女》被引进日本后，遭中国观众的责疑之事。



包括李萍倩等一批导演，20 世纪 40 年代中后期去香港发展，这跟他们此前在上海孤岛期间的工作经历是有关的。因为抗战胜利之后，马徐显然就不属于风云人物了。现在据马徐的孙子的回忆文章说，1947 年，马徐是只身去香港的，家还是留在了上海，当时也有儿子愿意跟他去香港发展，但还是被马徐劝住了。解放后三反五反期间，马徐也回过上海，但那个时候的上海电影业也不景气，所以他只得又一次只身回到香港。而当时有一批导演艺术家回到了内地，像周璇等就是从香港回到上海的，而张爱玲则从上海去了香港。



跟李萍倩等一批导演不同，马徐到了香港有好多的不适应。第一他不适应港产电影低成本高效率的制作方式，他是个艺术至上者，又有慢车导演之称，但是在香港，他的这一套行不通了。后来他也导了《烽火渔舟》、《卧薪尝胆》、《红拂私奔》、《胭脂井》等影片，但都与心中的艺术相差很远。1957 年，他还导了《香格里拉》，其中有后来做了梁实秋妻子的韩菁清出演了此片。当时马徐的心里很矛盾，一方面想回上海跟家人团圆，一方面又觉得没有多大成就无脸见江东父老，所以他后来让妻子办申请去香港跟他团圆，他想东山再起，他想再创电影之辉煌。一年多之后，妻子的申请也快办下来了。

当时的香港修改交通法，马徐可能是有所不适。1961 年 2 月 13 日的除夕，马徐外出去领救济金。当时他看到绿灯亮起的时候就走了过去，走到一半突然听到警察的哨子在吹，当时可能是患重听还是什么，他在路中央呆住了，这时一辆电车驶了过来，马徐就这样突遇车祸而死。

从 1901 的杭州到 1961 的香港，生命就这样永远地息影了。

在那么一个地点，那么一个时间，那么一种方式！

后来有人还猜：这究竟是自杀还是他杀，还是真的就是车祸？他以自己的生命，给人留下了一个悬念。

马徐维邦，中国恐怖片大师，一生的悬念就这样戛然而止。

马徐走了之后多年，张国荣又扮宋丹萍，其命运也大可感慨。

两岸的电影人，都喜欢重拍《夜半歌声》，包括上世纪 80 年代的杨延晋和前几年的黄磊。但正如一位参与重拍的电影人所说的那样，凡是重拍都是徒劳的，情感上是一种纪念，商业上必败无疑，因为时代不同了，除非是加进这个时代的东西，所谓旧瓶装新酒。

现在，我们只能听他电影中的老歌了，但愿天堂里没有车来车往，但愿天堂杭州能给他些许的安慰——

空庭飞着流萤
高台走着狸生
人儿伴着孤灯
梆儿敲着三更
风凄凄
雨淋淋
花乱落
叶飘零
在这漫漫的黑夜里
谁同我等待着天明

1984年的11月18日，李大导演去天堂拍他的电影去了。上有天堂，下有苏杭，出身杭州的李大导演，现在该是在天堂电影院里慢慢慢地欣赏自己的那些电影吧，或者再用小调哼几句——恨秋风吹起了美人过枫桥。



# 李萍倩：恨秋风吹走了美人过枫桥



2007年的春天，谢晋导演在杭州满垅桂雨一个酒店里对人说，中国第三代导演，只有他还在拍片。当时他还说，杭州这么好一个地方，怎么会拍不出好电影来呢?

于是我想起了李萍倩，想起了《天堂电影院》。

《天堂电影院》是一部有名的电影，讲一个电影放映老人的故事。

杭州又有人间天堂之称。杭州出了不少电影大家，可是由于各种原因，人们知道的不多，此文要说的是杭州籍电影导演李萍倩的商业电影的成就。

中国电影才100年，如果从发展的时间上看，只是比世界电影晚了10年。而中国电影的产业，又岂是“晚”和“早”这样的词能形容的。好在商业电影这顶帽子，落在李萍倩的头上，已经不是贬义的了。

四月的杭州，依然是风和日丽，依然是拍《三笑》的外景，李导在梦中回过杭州了吗?

且从他的电影说起吧。

李萍倩肖像

### 身世之谜

李萍倩。一个极女性化的名字，是杭州人氏也。他原名李椿寿，原籍安徽桐城，1902年出生于杭州的一个书香世家。早年生活不可考了，只知道他有过两次肄业，一是中学未毕业就辍学了，做过小学老师、银行练习生和邮局的检信员，可谓经历颇多，这一点跟胡兰成有点相似。李萍倩后就读于上海沪江大学，也未正式毕业。20世纪20年代初，曾在郑正秋与郑鹧鸪主办的民兴新剧社做记录剧本的工作。1925年起，正式介入影片的拍摄工作，是中国第一代的电影导演，而且可以说是上个世纪中国最著名的商业片导演。要是说起《三笑》，说起陈思思，说起长城公司的大公主夏梦，人们就应该知道他了。而且他还曾提携过金庸金大侠，让他给自己的电影写剧本。李萍倩从24岁开始做导演，也不是什么电影学院戏剧学院毕业的，以后平均一年拍两三部电影，直到1965年在香港息影。李导一生拍片近200部，其间也曾导过戏曲片，早年也出演过角色，主要作品有《难为了妹妹》（1926）、《歌场春色》（1931）、《丰年》（1933）、《人伦》（1935）、《少奶奶的扇子》（1939）、《母与子》（1947）、《绝代佳人》（1953）、《三笑》（1963）等。

何为商业片？这是讲不清楚的一个概念。也许我们现在才说什么文艺片啊商业片啊，那个时代里你给电影公司拍片，你就得赚钱啊，赚钱不就是商业吗？所以我们现在千万不要一说商业片，就说那是没品位的。

我以为商业片恰恰是有品位的，且又是好看的。

以李导在1947年的《母与子》为例。电影开始三五分钟，男主人公韩

《三笑》剧照





立人骗女人的嘴脸就暴露了。他与黄素在外边同居并有了儿子毛毛，当时为掩人耳目而寄养在外面孟妈妈处。这个时候韩立人与另一个女人已相好并向她求婚。巧的是，这个女人在婚姻上还要征求同学黄素的意见。此时韩正在黄素这里，准备向她告别。当时那个女人把韩立人的相片给黄素看，黄素顿时晕了过去……你看如此戏剧化的开场，十几二十分钟就把故事讲清楚了。后面儿子毛毛的手给烫伤了，黄素把韩立人赶出了家门。韩立人去孟妈妈处把毛毛强行带走。

然后银幕上出现字幕——十六年后。

十六年后，母子重逢并终于相认。背景是黄素在上海的剧院主演话剧《雷雨》中的鲁妈，而她的毛毛是演周萍的。观众当然已经明白了，因为周萍总是用一块布包着一只手，那就是在包着当年烫伤的疤痕。然后这个剧院的老板出场了，我们发现他就是韩立人。

身世之谜，非常戏剧化，或者说还借用了一点《雷雨》的材料。用今天的话来说，这本来是电视剧的材料，而当年，六十年前，却是电影的材料，怪不得那个时候还有人看电影。

再来看更早一点的，1939 年的电影《少奶奶的扇子》。

这个电影又是讲述一段女主人公的身世之谜。女主人公是交际花黎女士。当年她在婚后因为误会丈夫弃家出走，只留下女儿和丈夫。同样的手法，字幕上打了——十八年后。十八年后，黎女士的丈夫已去世，而女儿美琳嫁给了银行的副经理梅先生。当然，这个梅少奶奶也是有一个追求者刘先生的，这是英俊的刘琼扮演的。

当梅先生知道黎女士是自己太太的亲生母亲时，同情并且资助她，俩

前排左一李萍倩，后排右一胡蝶

明星参观香港文汇报，左一为李萍倩

人约好不说破事实，怕打扰了梅少奶奶的平静的生活。

但是流言终于出现在梅少奶奶面前，而且在她的生日宴会上，梅先生执意邀请黎女士。此情此景，美琳动摇了对丈夫的爱情，于是她决定与她婚前的崇拜者刘先生私奔，于是她写了一张纸条便愤然离开了家——这一幕恰恰跟十八年前黎女士的出走相似。

巧的是字条没有被丈夫看见却被黎女士偶然发现了，为了不让女儿重蹈自己的老路，她竭力去帮助美琳挽回局面，并且千方百计不让梅先生知道妻子欲跟刘先生私奔的动机，所以她宁可自己名誉受损，也决不让梅先生和梅少奶奶名誉受损……直到故事结束，梅少奶奶并不知道黎女士就是自己的亲生母亲，而梅先生也不知道是黎女士帮他渡过了婚姻危机。而黎女士呢，只好远走南洋，跟一个自己并不爱的男人去结婚了。

其实在这里，身世并不重要了，重要的是要设一个局，重要的是要讨论如何保存爱情。因为就黎女士的体会来说，爱情是最难保存的东西——这是全片的主旨，所以她要竭力挽回女儿与女婿的爱情危机。而她的不愿暴露身份，是因为她感觉自己做交际花已经是堕落过了，怕影响女儿平静的上流社会的生活。

整个电影表现了当时上海上流社会的饭局、舞会、牌局等生活常态，是非常时尚的。即使今天看来，我们还是会叹为观止的。甚至可以说时尚到了极点。而这个电影，又是拿来主义的成果，是改编于王尔德的同名话剧的。2007 年是中国话剧一百周年的日子，想必在 20 世纪 30 年代末，话剧在上海已经很火了。当时是李萍倩先在剧场里看了演出之后，才决定将此搬上银幕的，而前面我们讲过的《母与子》，里面也用了戏班子演的《雷

艾霞

雨》作为素材。

另外，《少奶奶的扇子》的女主演，即演美琳的袁美云，也是杭州人，是当时有名的美女。

在1939年，除了《少奶奶的扇子》，李萍倩还根据法国当代剧作家巴若来的戏剧《托帕兹》改编拍摄了影片《金银世界》。这个电影有着强烈的社会批判色彩，他以讽刺手法揭露了社会现实。影片借张伯南说出如此的话来——“违法、贪赃，反而更有人捧我。”“做好人有人同情吗?”

实际上，作为一位优秀的商业片导演，李萍倩拍摄了众多根据外国文学作品改编的影片。除了上面提到的《母与子》、《少奶奶的扇子》以外，还有《女律师》、《福尔摩斯侦探案》、《亚森罗宾》、《三姊妹》、《茶花女》、《四姊妹》等，分别改编自法国、英国、俄国和日本等国作家的作品。其改编的作品范围之广、数量之多，在中国电影史上无人能及。

改编或者就是舶来，在今天已经司空见惯了。最著名的就是好莱坞扒了香港的《无间道》，而香港扒人家的电影更是不计其数，现在韩国也扒人家的片子，这是聪明的做法。在尊重知识产权的前提下，“改编”是一种不错的选择。现在看李萍倩当年的电影，就有不少是如此做的，有的时候可能比原创的效果要好。

包括《茶花女》在内的影片，李萍倩当时考虑的就是一个如何民族化的问题。他在改编时，就曾经确定了三个原则：第一，“不失原作的精神”；第二，“适合东方的情调”；第三，“要加强反封建气氛”。

只是《茶花女》一片，当时还闹出了风波。该片于1938年8月摄制完成，9月中旬在上海公映后不久，即被揭发该片已运往日本放映，并在日

《春蚕》剧照

本电影杂志刊登广告。消息传出，上海舆论界即纷纷谴责，要求严予彻查，并且提醒人们“不要直接或间接地做民族的罪人”。电影公司方面和李萍倩等也先后发表了声明，表示事先并不知道内情，对影片的“东渡”也表示反对。由此事可以看出，在民族存亡的危急之际，商业利益是自然不能高于政治的。

中国电影一百年，李萍倩虽然卓有成就，但其名字总是隐在那些闪光者的后面，究其原因，可能他只是具有一个商业导演的身份，而非观念革命的先行者。其实商业电影，自然也有一种观念，但比之革命电影红色电影，它追求更多的可能是商业利益的最大化。杭州的艺术家，无论文学还是绘画还是电影，在艺术上领一时之风骚者有之，尤其是长住杭州的，但就总体倾向而言，他们都是艺术至上的，如无名氏，如黄宾虹。李萍倩也是如此。拍《夜半歌声》的杭州导演马徐维邦也是这样。

这跟杭州的风水绝对是有关系的。

### 艾霞之死

导演是伯乐的角色，他们发现并培养女明星，然后又总是要跟女明星擦出感情的火花来，这一点李导也不能避免。特别是李导跟当时轰动一时的女明星艾霞之死有瓜葛。

说到中国电影史上女明星的自杀，大家只知道阮玲玉，却不知道比阮早的还有一个叫艾霞的。

艾霞是公认的才女，这个生于1912年的明星，从家里出走闯入上海时才16岁。当时她爱好文学，开始在刊物上发表散文，从来女演员都只要有脸蛋和身材就可以了，所以她的这个才华引起了明星公司的导演李萍倩的注意，于是便约她到明星公司拍摄的《旧恨新仇》里任女角。艾霞在片中演母女二人，演技平平。接着，她在《春蚕》、《脂粉市场》等进步影片里演出，这时才受观众关注。

艾霞在银幕上获得声誉后，便发挥自己才能，大量撰写文章，这跟今天明星们写博客能受人追捧是一样的。当时在李导的鼓励下，她便以自己的经历编写电影剧本《现代一女性》，戏里的女主角葡萄为了追求真诚的爱情，不惜牺牲色相，相助情人，以致堕落而入狱。这位“作家明星”的自编自演，受到了欢迎。后来她又出演了《春蚕》、《时代的女儿》、《丰年》等影片。

《春蚕》现在还有 DVD 可买，这是茅盾原著、夏衍改编的进步电影，是无声片。艾霞在里面演一个叫荷花的女子，是个受人歧视的所谓“克星”，一脸的幽怨，戏份也不是很多。《女儿经》中艾霞也是配角，主角是胡蝶等大明星。

艾霞是属于那种本色表演一类的。实际上我们在电影上看女孩子，倒是越本色越令人难忘的，何况那个时代的电影，其情节也相当简单。艾霞之走上银幕，自然是有她作家的身份互动的，当时另有一叫王莹的演员也有这个特色。现在的明星，都要出自传，这就是一种商业的互动。

出名要趁早，这是比艾霞出名要晚十年的张爱玲的感慨。艾霞出名可谓早矣，但由此带来的负面影响，即她的私生活就成为了公生活。当时的小报记者，不能说就不如今天的狗仔队。狗仔之精神，在任何一个时代都是非常之敬业的。而且在当时的艺术圈子里，新思潮的影响力是非常大的。我们现在回过头去看当年的那些明星，同居啊离婚啊也是司空见惯的，有的也没什么，后来也红色了也一本正经了，至少表面上是这样的。而有些就过不了这个槛。其实人言可畏，不只是对你一个人可畏。

当时李萍倩已婚，但艾霞却跟他走在了一起，两人开始了一段同居生活，这自然会受到一些人的诟病。再加上她在明星公司拍的电影《旧恨新仇》票房惨败，公司决定弃用她，而李导也对她弃之不理，这成了她自杀的导火索之一。

之一，仅仅是之一，不像后来阮玲玉自杀，人们言之凿凿地把矛盾对准某位男性。艾霞肯定有她自己的问题，只是这种问题，活着就一切都不是问题，而死了，问题就像一个人的瞳孔，突然被放大了一样。

1934 年 2 月 12 日，农历除夕，正当大家为过新年而忙碌准备的时候，艾霞却吞烟土（鸦片）而身亡，年仅 23 岁。

她留下的遗言是："在水银灯照不到的地方，电影界充满着黑暗。"

这倒是名言。然而观众看到的，只是水银灯照得到的地方。

以死抗争，跟今天某些女星用博客上视频，算不算一回事？影视圈是个名利场，这一点女星们比我们懂得更多。双刃剑的锋芒，谁又能躲得过呢？有的只是暗自哭泣而已，但艾霞却选择了绝对。

一石激起千重浪。媒体开始大炒艾霞之死时，李萍倩也成了指责的对象之一。他当时说过什么回应的话，大多都找不到了。只是有人认为，李萍倩虽然乃一商业片导演，但其思想还是很进步甚至有点"左"倾的，他当时大抵说过，艾霞是受了某种不良思想的影响。

无独有偶，根据艾霞之死而改编的电影《新女性》的主演恰是阮玲玉，而写作《新女性》剧本的也是杭州人孙师毅。电影里的女主人公就是一女作家。这个电影的上演曾经受到过当时新闻记者的抗议，认为有损于记者形象。一年多之后，也就是 1935 年的 3 月 8 日，阮玲玉也自杀身亡，她留下的遗言是——人言可畏。

当时做明星梦的女生也有不少，其中丁玲就差一点在上海进入电影圈，而蓝苹也在各导演面前争取角色，只是到了 50 年代，这个蓝苹（即江青）成了中国电影局的一名干部，倒也是专业对口。至于她对中国电影以及样板戏，究竟产生了什么样的影响，我想如果在四五十年后还不能作出一些全面客观的评价，莫非要等到百年之后？

### 发掘夏梦和陈思思

慧眼识美女。其实我们普通人也都是能识美女的，但是导演的职业决定了他们在识美女之后，能够把美女推到公众视野当中。

1947 年，一批上海的导演演员南下，李萍倩从此定居香港。值得一说的是他在 1953 年拍出了《绝代佳人》，这个电影的编剧就是后来大名鼎鼎的金庸，当时用的笔名叫林欢。主演有金大侠的梦中情人夏梦。

金庸与夏梦

金庸（右一）和夏梦（左一）

这是个战国时的故事，是根据郭沫若的话剧《虎符》改编而成的。讲的是战国时期，秦国派兵入侵赵国，奸细出卖赵国军队，赵国女子如姬复仇救国的故事。如姬的故事，一直改编到现在。

注意，金庸还以林欢这个笔名写过电影剧本《王老虎抢亲》，还自己当导演将之搬上了银幕。至于说因为追不到夏梦而后来萌发创作出王语嫣这一形象，应当是一段美谈和佳话吧。夏梦是“长城”的当家花旦，李翰祥说过：“夏梦是中国电影有史以来最最漂亮的女明星。气质不俗，令人沉醉。”

而金大侠说夏梦的话更是耐人寻味，他说：“西施怎样美丽，谁也没见过，我想她应该像夏梦才名不虚传。”金大侠当年触电写剧本并亲执导，只有一个目的，那就是接近夏梦。西施如夏梦，夏梦如西施，这是最高的评价了。

李翰祥阅人无数，他说的话不会是玩笑吧。而李萍倩发现夏梦也纯属偶然。当时他们都在看一场话剧表演，是在剧场上偶然碰到的。李导看到夏梦后惊为天人，决定启用她为电影的女主角，并为她量身定做了《绝代佳人》和《三看御妹刘金定》，从此确立了夏梦作为长城三公主中大公主的地位，其他两位公主分别是石慧和陈思思。传闻夏梦身高一米七，亭亭玉立，尤是在上世纪五六十年代，那是相当地出挑了。所以才子恋佳人，金庸恋夏梦的传闻，也就一点都不奇怪了。而且，当时的影视圈似乎都知道这个事情。

只是金庸暗恋夏梦时，夏梦已婚，她于21岁时已嫁作商人妇。美人早嫁，大有好处。美人晚嫁，也比不嫁要好。像巩俐后来也嫁作商人妇，总

陈思思

陈思思、高远结婚照

也是好事，最怕就是两个明星叽叽歪歪的不结婚，像梁朝伟和刘嘉玲。结了婚生了孩子绯闻就少了，像谢霆锋和张柏芝。虽然作为娱乐圈中人，总有绯闻，但你看贝克汉姆和辣妹都已经是三个孩子的父母了，还能如此光鲜，中国的娱乐明星不该好好学学吗？

金大侠当时还不是大侠，他触电两年后才去发展他的明报事业，后来还专门为夏梦开设了专栏。

李萍倩曾经这样评价——“夏梦镜头前适应能力强，能够准确展现人物内心世界，是一位天才的演员。”

当时李萍倩是长城公司的主力导演，除了《绝代佳人》，李导还拍过金大侠的《三恋》等本子。后来金大侠大概觉得这仍是在替公司打工做嫁衣吧，于是离开了长城公司，又去做报业了。

再后来李萍倩拍出了最为人称道的《三笑》，主角是陈思思。

唐伯虎点秋香的故事，电影已经有好多版本了。早在1926年，李萍倩就写过一个剧本，当时是其他导演导的。今天我们能看到的，有从戏曲改编过来的，像邵氏公司的张彻编剧、岳枫导演的版本，也有周星驰的大话版本。但是最为耐看的，或者说在内地最有影响的，应该还是李萍倩的版本。在上世纪70年代末和80年代初，一批香港电影，包括《三笑》、《画皮》、《屈原》等让人眼睛一亮，后来才有现代题材的《巴士奇遇结良缘》等。

应该说邵氏版的《三笑》也是不错的，可惜的是扮唐伯虎的凌波是女扮男装。虽是金马影后，但看来总是不爽。如果是戏曲在舞台上，那倒无妨，但是电影中一个娘娘腔的人演风流才子，眼神和身段总是不像的。还有一个就是先入为主的原因，我们是先看到了陈思思的《三笑》，就一下子为她的美所打动和吸引。陈思思和夏梦的区别，在于前者有一点野气，而后者则清纯气息更浓。有野气的陈思思扮秋香，这是最合适不过的了，当然邵氏版中的李菁也还不错，只是后来的巩俐版形和神都不对了。李萍倩的本事是把江南的流行小调再重新填上词，且这些词都是他自己捉笔的，可见他这方面的功力深厚。我数了一下曲子，整部电影共有31首曲子，曲子基本用的是江苏的民间戏曲等音乐元素，其中有我们熟悉的茉莉花调等。邵氏公司的《三笑》，包括《金瓶梅》等一批片子，中间也有大量的唱词，但是邵氏的《三笑》中，基本的音乐元素好像是刘三姐里的对歌。这跟江南民间音乐就相距甚远了。而李萍倩是杭州人，又在上海上的大学，所以对江浙沪一带的熟悉是显而易见的。

且看《好一个西泠》——好一个西泠，好一个洞庭，参罢那个灵隐，转回苏城。到虎丘，拜一拜，呀云呀云岩神呀，再转东亭。到虎丘，拜一拜呀，云呀云岩神呀，再转东亭。

再看唐伯虎唱的——江水滔滔万里遥，为什么不把船儿掉头摇？恨秋风吹走了美人过枫桥。

这样的歌词，今天看来仍是经典。恨秋风吹走了美人过枫桥，虽有解构，但还是有古典美的。而唐伯虎和秋香的文本，又为解构创造了条件，所以才有后来的周星驰版。只是周版有武打了，而邵版和李版都是戏曲音乐为主的。李萍倩有一部让老百姓喜闻乐见的《三笑》，足可以含笑了。

晚年的李萍倩写过关于“导演苦乐谈”一类的文字，而且是用半文言写的，摘录几段，让做电影梦的人看看——

既入电影之门，又显银幕之影，于是兢兢业业，唯一希望，厥惟导演一席。一若一当导演，于影界之荣誉始占尽者。及为导演，大呼“开麦拉”时，当已上矣，苦已吃矣，悔之晚矣。

盖既当导演后，第一苦为无剧本。中国电影虽有编剧其人，从无真实剧本，所谓剧本者，一编本事而已，必赖当导演者，为之编衍成剧。如何结构如何穿插，何如分幕，亦由导演为之。剥茧抽蕉，绞心沥脑，幸而告成，心为一快。苟再考察一过，则某处不通某处牵强，百孔千疮，比比皆是，欲改其一则全剧皆动，于是导演苦矣。

《绝代佳人》剧照

其次，即有情节而无“戏”。盖情节乃“戏”之灵魂，而戏乃表演情节之工具。所谓无戏者，乃无善法表演此情节之谓也。为导演者，于此不得不穷加思索，甚至一日两日而五七日，终于不得良法。欲牺牲情节，又甚惜之进退两难，斯真苦矣。至若有戏而无人——演员——因人而就戏，固亦无一非苦。故就剧本之一部分言，其苦已万状矣。

句句都是大实话。想做导演，做了导演发现没有好本子，终于搞定了本子又有可能有戏而无人。

1984 年的 11 月 18 日，李大导演去天堂拍他的电影去了。上有天堂，下有苏杭，出身杭州的李大导演，现在该是在天堂电影院里慢慢地欣赏自己的那些电影吧，或者再用小调哼几句——恨秋风吹走了美人过枫桥。

天堂电影院，不仅是外景地，是明星恋爱和作秀的地点，更是产生大师的地方。夏衍、马徐维邦、李萍倩、沈西苓等大师都出自杭州。而杭州籍的知名演员则更多了，除了女明星袁美云，男明星中最有代表性的就是蓝马，他以一部《万家灯火》传世。





# 鸳鸯或者蝴蝶，或者就是外景地

在叙述了杭州本土导演李萍倩、马徐维邦的故事之后，意犹未尽。很想再说一说史东山的故事。关于东山，史上有两种不同的说法，一说他是杭州人，一说是浙江海宁人，志摩的同乡。其实哪里人不重要，重要的是有没有可说的亮点。史东山 1956 年之死，就是在今天也还是一个谜。可是一说死，毕竟太沉重了，何况又涉及到自杀问题。中国现在好像还没有五十年后档案可揭秘这一说，否则，五十年也已经到了，史东山自杀之谜应该是要揭出来了吧。

要不说说沈西苓，这位原籍德清、生于杭州的导演，以《十字街头》传世，当时跟马徐维邦并称为两位性格怪异的导演。可是沈导 1940 年在重庆病逝了，只活了 36 岁，英年早逝，令人伤感啊。

或者就说说夏衍，这个从杭州走出去的大师，我们是看着他的电影长大的。甚至我在对电影发生兴趣的时候，还时时想起他的话。他说他以前看电影时，总是先买一张电影说明书，然后根据情节介绍，在脑子里先过一遍这个电影，如此培养自己的镜头感。后来我还看他老人家写的如何写电影剧本一书，讲得通俗易懂。夏老是中国电影的开拓者和奠基者之一，

胡蝶

不过当年竟然是学工科染织专业的，大概在当时是个不错的专业吧。

从杭州出去的电影人，也许不算多，但都是重量级的。而跑到杭州来的电影人，则各怀心态和目的。杭州从民国以来一直是明星们所向往的天堂，就像新世纪前后，人们对云南香格里拉以及西藏的向往。西湖有鸳鸯，杭州有蝴蝶，这里至少有上佳的外景拍摄地，且中国电影一百年之后，杭州仍是一个生态甚好的天堂电影院。因为上海是中国电影的基地，特别是在1949年以前，中国百分之九十的电影都诞生在上海。而杭州则是上海的后花园。这个提法虽然前几年才见诸报端，但事实上上海看杭州的眼光是一直如此的，才子佳人到后花园来散散步赏赏风景，这是最为自然和惬意的事情了。

天堂里放电影，至少可以推至100年前。

据1908年的《杭州白话报》报道，杭州拱宸桥的新开阳春的外国茶园里，当年已有"天下第一活动电光影戏"上映。当时这只是三项活动中的一项，其中还有两项一是"聘请英国美女跳舞大戏"，二是"最新发明电气留声大戏"。第二年也就是1909年，浙江省的警方贴出告示称"电影有涉及危险，未便轻视"。为什么要出这样的告示呢，因为各地不断有报告上来，要求办影戏院，这正如现在还时不时有人要申请开网吧一样。

从各地有人申请来看，电影在杭州及浙江各地，已经呈方兴未艾之势了。电影有涉及危险，这在警方看来可能是真的，但是警方的警告从较长的历史阶段来看，从来就没有起过作用。电影很快在杭州轰轰烈烈了。到了1926年，杭州本土的电影公司，已经开始自己投拍电影了。这家公司叫心明影片公司，也是个夫妻店，是由袁善德和他妻子陈善甫共同组建的，拍成的电影叫《小孝子》。

《小孝子》说的是一名叫曾孝先的绅士，行侠尽孝，称誉乡里。曾的妻

西博会上的第一电影场

子严氏贤淑有德，一心侍奉婆婆，善待小姑，他们的儿子安安又受父母影响，从小以忠臣孝子自勉。有一天严氏因事被婆婆责怪，继而又因小姑挑拨而激怒婆婆。严氏无从辩白，只好投河自尽，幸好被白云庵的尼姑救起并收留。儿子安安多方探寻，终于打听到母亲落脚在白云庵。历经波折后，儿子终于为母亲寻回了清白，并且迎其归家，从此一家人团聚，尽享天伦之乐……

此片的编导就是心明影片公司的老板袁善德，主演叫袁汉云，他们是一对父女。影片曾拿到上海去放映。1928 年，一罗姓人士设立西泠影片公司，拍摄根据聊斋故事改编的《沧海余生》；1929 年，还拍摄了武侠片《侠骨情魂》等。

这个时候，马徐维邦已经离开浙江美专，跑到上海专做电影了，而李萍倩也早在上海了。

而杭州作为电影拍摄的外景地，那也由来已久了。据包天笑在回忆录中说，他当年的《空谷兰》，就是明星公司的张石川找他写的本子，后来就到杭州拍外景。

《空谷兰》的故事，包大人把主要背景地就设在杭州，虽然这个故事是舶自英国的。那时的作家喜欢拿来主义，故事框架是国外的流行畅销小说，然后再加上中国化的内容，且跟当时的时代相贴近。

这一年是 1926 年，当时张石川、包天笑和演员们等一共 20 多人开到了杭州，并且雇了一条类似画舫的大船，他们住在湖滨旅馆。演员中有已经成了明星的张织云和杨耐梅，有人说这两位是中国最早的艳星。在杭州拍电影期间，人们还发现杨耐梅已经跟影片的男主演朱飞鸳鸯双栖了。朱飞有风流小生之称号，在银幕上也是扮演风流倜傥之人的，所以好多人，包括老板对他也没有办法的。这也证实了杭州的确是一座情人之城。

《空谷兰》剧照（包天笑编剧，马徐维邦、张织云主演）

《湖边春梦》剧照

1927年又一部电影到杭州来实拍，这便是《湖边春梦》，这是田汉编剧、卜万苍导演的片子。这部在杭州实景拍摄的影片，被认为是中国电影史上第一部风光宣传片。男主角是当时刚露头的龚稼农，女主角则还是杨耐梅。据当时的媒体说，当时杨美女在杭州拍戏时，杭州是万人空巷。此片中杭州的实景，如西湖十景中的平湖秋月、苏堤春晓，还包括苏小小墓、岳庙、灵隐、虎跑等都有，但是这些景只是故事片的一个环境而已，故事、风光、人物等都还是紧扣在一起的。这就像后来的《庐山恋》。

龚稼农是上世纪三四十年代中国最为有名的硬派小生之一，他说到乡愁，倒让人想起余光中的诗。不过另一导演孙瑜曾经回忆读书时唱的歌曲中就有关西湖之景的——风暖草如茵。岳王旧墓，苏小故坟，英雄侠骨，儿女柔情……白苹秋老，红蓼花疏。人寿几何，此月曾经照白傅……

到了30年代的1935年，一部《船家女》的电影直接取材于西湖，它是表现西湖船工生活的。电影的主人公是摇船女阿玲，长得漂亮，跟父亲在西湖上以摆渡为生。小伙子高铁经常来坐船，一来二去的跟阿玲产生了爱情。但是从上海来了一个画家阔少却搅了他们的好事，他买通船霸要让阿玲当他的“模特”。于是这一对有情人的命运发生了根本的变化，阿玲被卖入妓院，高铁被打入监狱，反正都是很苦的戏。主演徐来祖籍绍兴，长得青春貌美，气质上跟阮玲玉有几分相似，扮相要比阮来得健康。徐来息影后曾移居海外，后又回国，惨死于1968年。

1937年大观声片公司又出品了名为《西湖女》的电影。

1947年，田汉又写了个关于杭州的本子叫《忆江南》，这次的主角是一个采茶女，由周璇来演，而男主角冯喆则是位诗人，他跟采茶女在杭州一见钟情然后结了婚（注意，这跟后面提到的《鸳鸯蝴蝶》颇有几分相似之处）。背景是1937年，当时抗战风云四起，采茶女劝老公去前线进行宣

《湖边春梦》剧照

《忆江南》剧照

传，但是老公贪生怕死后来竟然在香港卖身投敌，又跟当时的香港小姐黄玫瑰结婚。而采茶女后来开了一家小茶馆，有人误传老公英雄捐躯，她信以为真，一直把老公当烈士供奉。后真相大白，便去上海寻找，只见到了黄玫瑰，采茶女揭露了诗人的真相，然后两个女人又从一张发黄的照片上发现黄玫瑰和采茶女竟然是同母姐妹，最后黄玫瑰出走，采茶女又回到杭州……40年代末的中国电影，这样的叙事方式是很成熟的，其中有代表性的就是《一江春水向东流》。其实那个时候，中国的电影人已经在探讨类型电影，探讨电影模式了。





当时周璇她们一行住在西湖饭店，而拍摄地则是在杭州郊区的茶山上，同时周璇她们还在龙井的叫辛园茶社和虎跑寺等处拍摄。据说拍完片子，周璇已经离不开龙井茶了，她认为龙井茶非常滋润她的歌喉。大家都知道，周璇当年是有金嗓子之称的，《忆江南》就有她唱的采茶歌，可惜现在已经听不到她的原声了。

其实早在1936年周璇就来过杭州了，当时她随杭籍戏剧大家陈大悲进行话剧公演。当时她还游历了三潭印月和月下老人祠，她还拿苏州和杭州作比较，以为杭州真的是人间天堂。

据浙江省和杭州市的电影志记载，在三四十年代里，不少大明星都来过杭州，除了前面提到的之外，还有——

王人美1933年10月来杭参加《大路》的拍摄；胡蝶11月来杭出席国绸展览会。

阮玲玉在1935年1月为杭州联华大戏院的开张揭幕，两个月之后，这位大明星就自杀了。

其他像胡萍、王丹凤、韩兰根等著名演员都来过杭州拍戏，杭州还土产了一位电影大明星，她就是袁美云，在李萍倩导演的片中扮演女主角。

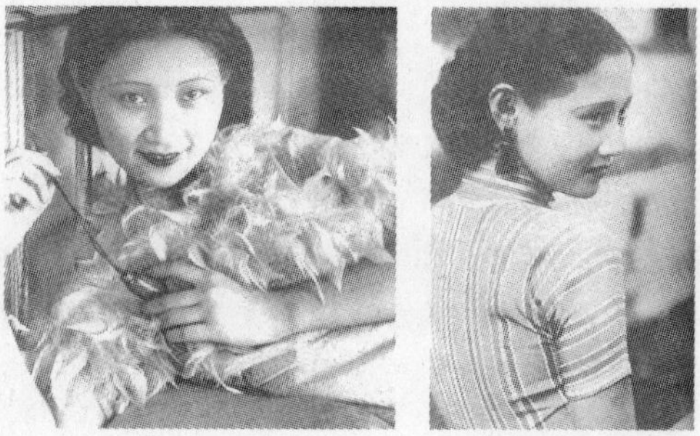

《船家女》主演徐来

扮相十分出众，《少奶奶的扇子》中就有她的表演。当时几部比较轰动的以交际花为题材的电影，像《日出》和《茶花女》，她演的都是女一号。而且特别巧的是，袁美云就是《小孝子》的导演袁善德的养女，她原名叫侯桂凤，因为过继给袁树德，故改名。后来是被天一公司的老板邵醉翁看中而蜚声影坛的。晚年的袁美云曾定居上海。

至于说电影大家，像田汉、洪深、黎民伟、应云卫等都为电影来过杭州，而那些悄悄来不为人知的就更多了。

天堂电影院，不仅是外景地，是明星恋爱和作秀的地点，更是产生大师的地方。夏衍、马徐维邦、李萍倩、沈西苓等大师都出自杭州。而杭州籍的知名演员则更多了，除了女明星袁美云，男明星中最有代表性的就是蓝马，他以一部《万家灯火》传世。

天堂电影院，杭州的电影传奇。

天堂电影院，鸳鸯或者蝴蝶，一直飞啊飞。

到了21世纪的2004年，一部由严浩导演，由周迅、陈坤主演的《鸳鸯蝴蝶》又在杭州问世。

这是一部默默向杭州致敬的电影。新西湖、北山路和龙井茶园的景色，周迅演一位杭州茶农的女儿，在西湖边开一家叫“鸳鸯·蝴蝶”的酒吧，在酒吧里邂逅了来自北京的编剧陈坤。陈坤是个花花心肠，周迅也有男友，但他们还是一见钟情了。故事不太复杂，好看的大部分都是杭州新西湖的实景，而且通过电影中的人物，说了好多新西湖的好话。影片的最后一部分，又去古城绍兴拍了一些外景。

天堂电影院，继续上演着电影传奇。

我看着你
你看着我
四个眼睛两条视线
整整对了半天
你也无语
我也无言
……



# 汪静之：伊底眼是温暖的太阳



上个世纪的80年代初，诗歌跟今天的街舞和“超女”一样都是热门的东西。当时杭州有不少民间的诗社，有的就借西湖边搞起了诗歌讲座。就跟今天在公园唱越剧能引人围观一样，当时的诗歌讲座，路过走过的人也驻足凑个热闹。只见有一日，一老者正在上面念念有词，一路过的人只听得懂“裁剪”二字，于是便抛下一句话——这个老裁缝厉害的！

原来老者正在上面讲诗歌的裁剪艺术，要知道那时服装裁剪班也是非常热门的。

那老者便是大名鼎鼎的湖畔诗人汪静之。

这个段子我以为有杜撰的成分，汪老在那个时候给人讲过课，本人也听过一次，在一次湖畔诗人的活动中。不过但凡汪老讲课，凡听过的诗人朋友都说，第一肯定是大鹏展翅九万里无边无际，第二肯定是讲他早年的恋爱史，决不会讲到裁剪等比较专业的术语的。我当时的印象是，汪老的口音还不是太好听懂的，杭州话夹着安徽官话，语速颇快，有习惯性的拖音，音倒是高的。20世纪80年代，湖畔诗社得以恢复，其纪念馆在六公园的风水宝地湖畔居处辟了出来，在当时堪称盛事。据说是当时的总书记批

汪静之

示后才得以在临湖的楼上辟出这么一块地方的，馆名也是胡耀邦所题，只是20年后，知道此馆的人已经不多了。我记得在1996年汪老去世之后，关于湖畔诗社也是生出过一点事来的，我还收到过不少的言论资料，也参加过几个会，仔细想来倒都是跟诗歌无关，尤其是跟爱情诗无关的。因为即使在讲课中，有青年人提出诗要怎么写时，汪老的话题往往会转到爱情上面去的，我记得他当时跟我们讲——我那个时候读什么书呢，成天就想着追姑娘。

当时我们看汪老已经耄耋老者，且个子很小，有诗人朋友调皮地问他——那光是写情诗追不到怎么办呢？

汪老的回答更是可爱——一个追不到就追下一个嘛！

此时西湖风和日丽草长莺飞，让人想起汪老的《惠的风》——

是哪里吹来
这蕙花的风——
温馨的蕙花的风？
蕙花深锁在园里，
伊满怀着幽怨。
伊底幽香潜出园外，
去招伊所爱的蝶儿。
…… ……

一个追不到就追下一个嘛！这个话在我们年轻时是很听得进去的，因为谁都有失恋的时候。但是我们也明白，书还是要读的，特别是抄书，比如本人曾经在大学里抄过整本的《惠的风》，印象中是20世纪50年代早期的版本。那个时候我们对诗歌有着一种朝圣的感情，好像是把一生的幸福

中为潘漠华，左一为汪静之

都押在那上面似的，尤其是爱情，好像非得通过诗歌去实现。后来自己也成为湖畔诗社一成员，想来也是一种缘分。

一个追不到就追下一个，这倒是汪老的实话。当年他就是为了追他的“小姑母”曹珮声而到杭州的。汪静之先生的情事中，是不得不提这个名字的，但是在胡适之的情事中，这个名字的分量会更重一些。

其实汪静之在还没有出生时就被指腹为婚了，对方也是一姓曹的人，名叫秋艳，而曹珮声正是她的姑母。可怜这秋艳只活到了12岁，这反而成全了自由的诗人。诗人便在15岁时开始追求小姑母了，他们也正好是同年，都生于1902年。这个追求自然遭到了曹的拒绝，理由是他是小辈，虽然他们从小生活在一起且两小无猜。当时汪的诗是这样写的——

我看着你
你看着我
四个眼睛两条视线
整整对了半天
你也无语
我也无言
……

后来曹遵命嫁给了胡家人，再后来人们便知道她成了胡适之的情人，其间在杭州曾有过一段神仙般的日子。

而在胡适之之前，汪静之对曹珮声依然没有死心。1920年，他跟曹珮声的丈夫一起追到了杭州，追的却是同一个人，名义是投考浙江第一师范。当时的情况是，汪静之的数学、常识和英语皆交了零分，但作文甚佳，是语文老师的力争，浙江一师才破格录取他，从此也成全了一位成功的诗人。

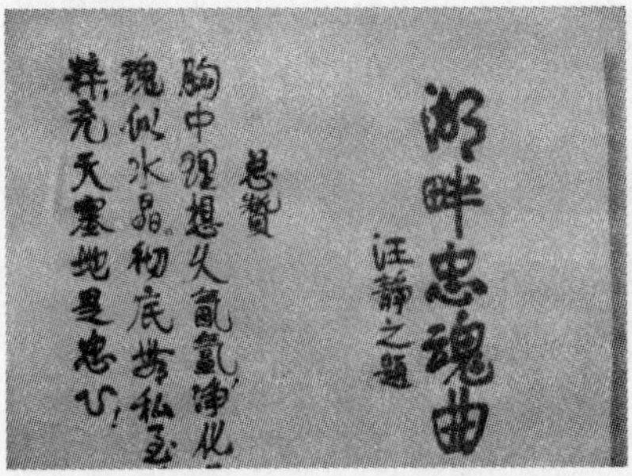


汪静之《湖畔忠魂曲》的手迹

胡耀邦题写的湖畔诗社纪念馆

由此可想当时的教育！因为此前他读过八年私塾，从未接触过理科和英语，而诗文根底很深，特别是在跟曹珮声一起读书的时候，更是长进不少。

曹当时在杭州的浙江女子师范就读，才华和人缘都非常好。她不能答应汪的求爱，但答应给他介绍对象。所以每逢星期天，曹就约学校的美女出来跟汪见面，这一约就连约了 8 位，但是却没有一位能看上汪的。当时曹珮声对他说："你长得太矮小了，人家看不上你。"

看样子男人的身高，就是在当时也是很重要的硬件之一，因个子矮小而遭人拒，这是何等的打击啊！不过失恋从来都是能成全诗人的！

在汪静之的回忆录中，有的时候约会是蔚为壮观的。有一次他们就租了一条大船，八位美女和几位男青年同船游西湖，可是八位美女只顾自己说话，并不理会男青年。由此我得出一个结论，要约美女，千万不能在同一时间同一地点约数人以上，否则肯定是竹篮打水的。后来汪静之果然调整策略，采取各个击破之战术，终于获得了湘女傅慧贞的芳心，于是便有了 1922 年出版的《蕙的风》。

但是我们也知道，其实《蕙的风》是其中一场并不成功的恋爱结晶，《蕙的风》是写给傅的情诗，蕙慧谐音。当时汪静之与傅慧贞（据说是女师的三号美女）已经山盟海誓，只是汪诗人没能过傅家父母的面试关。民国时期，自由恋爱风已经吹得很旺了，但这个风终究还是要由双方父母来把关的，这比起父母之命来是进步多了。

棒打鸳鸯，各分东西。据汪老讲，这本曾受过鲁迅先生肯定的诗集并没有给他的恋爱带来什么实惠。汪老说："蕙就是我从前追求的理想的爱人，我这部诗集就是为了她而写的。我写好了，书出版了，送了给她。谁知她正眼也不瞧一瞧，她嫌我穷，后来嫁给一个官僚去了。女人就是这么样愚蠢的。"

女人就是这么样愚蠢的，这话就像是诗人说的，但是诗人有时又喜欢女人这样的愚蠢。而在女人眼中，诗人又何尝不是愚蠢的一种呢？“她嫌我穷”一类的话，想必也是气话。女人嫌诗人穷，如果诗人真穷，这是天经地义的。诗人的特权只会写诗，全世界最好听的话都由诗人来说——

雅洁的蝶儿，
薰在蕙风里：
他陶醉了；
想去寻着伊呢。
他怎寻得到被禁锢的伊呢？
他只迷在伊底风里，
隐忍着这悲惨而甜蜜的伤心，
醺醺地翩翩地飞着。

终于功夫不负有心人，在这些女生中，终于有一位叫符竹因的渐渐接受了汪静之。诗人还根据《诗经》“绿竹漪漪”的诗句，替符竹因取了个号“绿漪”。当时，汪静之和符竹因都还在学校。当时符竹因是著名的美人，追求者众，其中追得最狠的就是胡适的侄子胡思永。那一年，胡思永从北平来杭州度假，一见到符竹因，即坠情网而不能自拔。胡思永是曹珮声姐姐的儿子，其苦恋博得曹珮声的同情，最后也站出来为之求情，但符竹因对汪静之已是一往情深，一概不予理睬。后来据说胡思永竟一病不起，在绝望中一命呜呼。此事惊动了胡适先生，他是一位实证主义者，对美女也是很想实证一下的。他多次提出要见一见符竹因，不论在杭州，抑或在北平，但每次提出这个并不过分的要求时，均遭符竹因的拒绝。1948 年，胡适先生离开大陆赴美，在上海与汪静之有过最后一次长谈，表示还是想求证一下的。其实当时符竹因已经 46 岁了，但胡适还是未能如愿，这对他来说，成了一个永远的美丽的遗憾。1986 年，符竹因去世。

汪静之在 1932 年就开始回顾自己的恋爱史，写下 1000 首恋爱史诗，基本是四言一句，七绝的格式，口语化居多，内容也是非常之大胆的。他说他先是在 1923 年 10 月向符竹因求欢，《求欢歌》里说：“欲求情爱更圆满，灵肉调和美十分。若不调和灵与肉，难医心上爱伤痕。”十一月一日夜，热恋中的他们，终于在汪静之所住的“卧观音庵”里参了“欢喜禅”。

他又写《欢喜佛歌》一首：“白玉雕成玉美人，全身柔腻乳脂凝。信奉

湖光塔影

归依我崇拜，爱极甜心美女神！……交欢快乐似神仙，愉快鲜甜到骨髓。两个灵魂都化完，两个灵魂化成水！”

诗流于直白，看得出他的率性和真情。后来校方竟然知道了他们俩人已经有了性关系，起因是符每天都收到信件，结果校方搜查找到了“证据”，根据校纪那是要开除的，但考虑到符竹因是学校模范学生中的第一名，只是教训了一番，并未开除。为这事，汪诗人也赋诗一首——全校最优好学生，品学兼优第一人。恋爱自由校规犯，人才可惜不除名。

1924年春天，他们在武汉结婚，后共同生活了60多个年头。

温梓川在《文人的另一面》一书中说到汪老当年给他们上课时说——“我现在的太太是和《蕙的风》的女主角同学，那时她们同在杭州第一女师读书。她嫁了人，我失恋了，伤心了一个时期，才追起我目前的太太来的。我追求她时，曾有过一天写过十一封信，平信、快信、挂号信全有，但都给她学校里的校长扣留了，并且还请她去谈话，她竟很干脆地说：‘没有什么话可谈的，还我的信好了。’由此可见我的太太是懂得恋爱的。现在的女学生哪里懂得谈情说爱？”接着便是对女人来一通笑骂，挖苦得那些女同学也觉得有一点热辣辣的。于是有一个女同学陡地站起来说：“汪先生，你不能老是骂女人！”他却笑嘻嘻地说：“如果我说的是谎话，我相信你一定不会替女人辩护的！”

1930年，汪静之独自在上海教书，这时有两个女学生在不同的时间投怀送抱。汪老是个真率性之人，他跟同是绩溪人的胡适之大有不同。胡喜欢遮遮掩掩，包括他跟曹的恋爱，当时他的朋友徐志摩等也一起为胡大师遮掩，所以怪不得江冬秀会当着众人骂胡适等一帮朋友写的是一套做的又是一套。在汪老的回忆中，他不掩遮自己年轻时的情事。这前面的《求欢歌》就是一明证。不过要说明的是，他的夫人早于他离世，所以他后来的回忆录有了大胆的披露，如果夫人健在，诗人也不免有所忌讳的。

现在我们看到的汪静之这上千首诗，就是见于他的《六美缘》一书，这书名就是写诗人跟六个美女的情事，此书是《汪静之文集》中的一本，由西泠印社出版，编辑者之一就是汪老的儿子、诗人汪飞白先生。

这上千首的爱情诗，包括了他在结婚后的情诗，也有他犯“婚外恋”之后向妻子忏悔而写的。他写了有学生投怀送抱的，只是有的要求他先离婚，所以汪老写到他如何跟人争论，然而又怎样分床而睡，等等，可谓真诚也。所以你看70年前的女生，跟今天的女生，在所谓的观念上是没有任何区别的。换个角度看，今天的新诗，自然比八九十年前进步了很多，但是人的观念却不是进步两个字所能概括的，像我们现在看汪老写灵隐寺的三句诗，你仍是会感受到那种力量的！

娇艳的春色映进了灵隐寺，
和尚们压死了的爱情，
如今压不住而要沸腾。





前面说过，在诗人的情史中，曹珮声是一个在不同时期都要出现的一个人。其中比较重要的有这么几段。一段是在1923年寒假期间，他回到杭州租屋自住，曹珮声也来租其隔壁房。当时，离曹珮声和胡适开始恋爱还有半年的时间。有一天，曹珮声“夜入我房内，说她已离婚，已经自由了，要实现童年和我相爱的愿望”。接着，曹珮声就“手拉着我上床睡倒”。由于汪静之当时已经与符竹因海誓山盟，不为所动。“她睡在床上，我坐在床边，谈了一夜。”次晨，诗人用七言诗句吟咏曹珮声对他的赞美：“书呆真是真君子，自爱洁身又自尊。考验几番能自制，虽然心动不胡行。”

还有一次是1958年9月，当时中国作协组织诗人们去武汉钢铁厂深入生活。当时曹生活在武汉，于是他们又有机会在一起了，而且曹的母亲等都认为他们俩早就有过“关系”了，所以又给他们创造了机会。但结果还是“你睡那一头，我睡在这一头”，这是曹的话。曹说“他们多年来早已断定我们有男女关系，我也不否认。我们从小相爱，渴望有爱的亲密关系，但我要为表哥守贞操，为了贞节，今生只好算了，希望下世有缘再做夫妻”。

就这样，他们表面像夫妻似地处了三个月，临别时汪诗人还是以诗赠之：“卿为表哥守贞节，我为爱妻誓守贞。百夜同床不苟且，爱情冰结友情深。”

这一切全写进了诗人的回忆录《六美缘》。

注意，表哥就是指胡适之先生。还要注意，这一年汪静之应该是56岁吧，曹跟汪是同岁，他们都是生于1902年的。

回忆录的真实性，是一个说不清楚的问题。不过诗人保证他的恋爱史诗"完全真事实情，无一丝虚构"。现在人们的疑点在于，1923年的那一次，曹其实还并未离婚，所以要么是诗人记忆有误或者另有原因，要么是曹当时正在气头上，或者一贯的新潮作法。但是再怎么样的新潮，已婚未婚和离婚这些字眼，在五四之后的青年学生中，看来也还是挂在嘴上的，而且也的确是行动的准则之一。从汪老的回忆录来看，那些投怀送抱的女生无非是两类，一类是先要你离婚，一类是亲热之后再要求你离婚——那么她们看中的是诗人的什么呢？是才情两个字吗？

汪老晚年的回忆录中曾经写到过郁达夫和王映霞的情事，并认为王映霞的背后其实另有"贵人"，此人就是戴笠。现在当事人都已作古，我也没有看过有人反驳汪老的文章，所以对名人而言，有的时候是寿长取其辱，有的时候寿长就是话语权。

还是看看诗人的诗吧，至少比起他的那位同乡胡适之先生来，要好多了。汪老也写过不少小说，可惜只以诗传后代。我喜欢她的《伊底眼》，那种一步一回首的韵味，实在妙不可言啊——

伊底眼是温暖的太阳；
不然，何以伊一望着我，
我受了冻的心就热了呢？
伊底眼是解结的剪刀；
不然，何以伊一瞧着我，
我被镣铐的灵魂就自由了呢？
伊底眼是快乐的钥匙；
不然，何以伊一瞅着我，
我就住在乐园里了呢？
伊底眼变成忧愁的引火线了；
不然，何以伊一盯着我，
我就沉溺在愁海里了呢？

撑着油纸伞，独自
彷徨在悠长，悠长
又寂寥的雨巷
我希望逢着
一个丁香一样地
结着愁怨的姑娘





# 戴望舒：到哪里去寻找丁香一样的姑娘

80年前，杭州诗人戴望舒写出了他的成名诗作《雨巷》。是年，戴望舒23岁。

杭州大塔儿巷11号，是诗人戴望舒的故居。有很长一段时间，我是手里拿着雨伞找雨巷。怎么说呢，因为喜欢戴望舒的《雨巷》，也知道他是杭州人，但就是不知道他的那一条雨巷在哪里。虽然知道这一雨巷只是象征，但因为爱诗及巷，总会有些想入非非的时候。十多年前也没有网上搜索这一招，曾经有一段时间，我在大塔儿巷7号的一所学院里参加培训，每天进进出出的，但就是没有遇到过一个丁香一样的姑娘，更不知道诗人的故居就近在咫尺。在我印象中，当时的大塔儿巷是非常狭窄的，那一带杭州的老房子居多，现在杭州的诸多小巷都拓宽了，两边增设了不少泊车位。不过我以为诗人有的时候还是住在小巷里为好，因为唯有如此，寂寥而悠长，他才有可能遇到生命中的那个撑着油纸伞的丁香一样的姑娘。

到哪里去寻找丁香一样的姑娘？在我看过的不少关于《雨巷》的电视诗、电视散文中，这位丁香一样的姑娘，有穿旗袍的有穿裙子的，身材也的确是苗条的，但面部表情却是虚化的，因为一旦具象之后，就会破坏我

戴望舒

们的想象力了。陈逸飞拍过一部《海上旧梦》，其中的女模特气质甚佳。三四十年代的美人，我们现在从她们的黑白照片上看，其气质也是非常纯粹的，这在今天的美人脸上很少见到的。现在的美人脸上，是写满了性感和欲望，这可能也是这个时代的一种表象吧。再早一点，晚清及民初的美人，我们现在看起来就如同发育不良的村姑。所以今天的美人，如果让百年之后的世人来评，是否会是丑陋不堪？从戴望舒本人的照片看，儒雅中不乏帅气，而且长得还比较大气。其实戴诗人有一脸的麻点，那是小时候得天花而留下的后遗症，只是照片上看并不明显。戴望舒的朋友说，他长得像个运动员似的，跟徐志摩完全是两个类型。

丁香一样的姑娘，在他 22 岁时遇到了，这就是他的初恋情人施绛年，当时她只有 17 岁。

诗人多情，那可能是指诗人的天性，但是诗人所爱的对象基本也还是在同学和朋友的姐妹中间。比如郁达夫是在好友孙百刚的家里遇到王映霞，徐志摩在他老师兼好友林长民那里见到了其女林徽因。这从另一角度上来看，诗人平时的交际面也不是很广，所以其花花草草，大半也是近水楼台一类的，或者说也是物以类聚人以群分的。施绛年是戴诗人的同学兼好友施蛰存的妹妹，当时戴就住在上海松江施蛰存的家里，与施姑娘可以说是朝夕相处，于是诗人向美人发起了进攻。而施蛰存、戴望舒和张天翼等，都是当年杭州宗文中学的同学，他们从那个时候起，就开始迷恋文学办刊物了。对了，宗文中学就是后来的杭州第十中学，戴望舒的家离学校是很近的。

从现在留下的不少版本来看，这施姑娘大约属于没心没肺一类的。怎么说呢，一方面享受着诗人向她求爱的那种喜悦，另一方面却绝不肯把自

戴望舒1934年在法国巴黎





己的终身托付给一个诗人，情感上接受，理智上排斥，显得矛盾而彷徨。本来嘛，诗人向同学和朋友的妹妹求爱，既有近水楼台之便利，但也因为你的一切都暴露在人家的眼皮底下，长时间的耳鬓厮磨之后，新鲜感也就没有了，此时你的弱点又会全部暴露在她的眼皮底下。反正诗人在施姑娘那里，大约是既尝到了一点爱情的小甜蜜，但又没有实质性的收获。所以有一天，诗人决定铤而走险。一次在两人的散步中，戴望舒突然在施姑娘面前跪了下来，说不嫁给他他就要自杀了。自杀，这在今天看来也是一场恐吓，不过这一招还是暂时见效了。施姑娘说那好吧，订婚是可以的，但你得答应我一条件。什么条件呢？你得去国外留学啊……

然后他们签订了婚约。

婚约是一张纸，诗人将之视若珍宝，而施姑娘呢，则是另有打算。后人说这正是施姑娘的聪明之处，她用了一条缓兵之计暂时摆脱了诗人的追求和纠缠。

施姑娘的这一招，不管怎么说，倒是成就了诗人的翻译家之路。诗人当时已经在上法语补习班了，去法国正是他的梦想之一，但因为经济拮据，使他迟迟不能成行。据说是订婚的一年之后，即1933年，诗人才得以成行，这一年戴诗人已经28岁了。在传记作家的笔下，在上海轮船码头，诗人在与施姑娘告别时还是情意绵绵的。我相信这一切也可能是真的，因为对于施姑娘来说，一个成天向她求爱的人要去另一个国度了，此种滋味既有解脱，又有失落，所以眼角挂着泪水的可能性是非常之大的。

法国的生活，成就了翻译家的戴望舒先生。在上世纪80年代，我买过一本戴望舒诗集，里面收了他的不少译诗，凭我当年的欣赏水平，我是非常喜欢他的译诗的。事实上法国的两年，诗人并没有好好去上课上学，而

戴望舒生日与夫人和女儿

是一心拜访名家、翻译诗文。为什么？就是因为翻译诗稿寄回国内还能赚点稿费解决生计。但是因为不去听课就没有学分，所以他是去留学但没有取得什么学位。但是没有学位并不代表他没有学到东西，至少通过这两年，他成为了一名翻译家。

事实上三四十年代的中国新诗，从现在的角度来看，实在乏善可陈。志摩、望舒等都仅有几首好诗，胡适一开始写的诗，那跟白开水似的，远不及他的古典诗，但他要带个头。而鲁迅先生就不带这个头。毕竟新文化运动刚起步，而中国两千多年的古典诗传统，难道说破就破了？所以那样一种新诗，能写到望舒这样的水平，实在是了不起的。白话小说从古典小说那里的继承，还好有一个过渡，像《红楼梦》《金瓶梅》等，新诗则缺乏过渡，台湾诗歌可能更注重古典的意味，但我们从今天看来，又有点做作。像现在当红的方文山，是歌词大王，周杰伦的最佳拍档，仅从诗艺来看，尚未成大家气候，但是他解决了一个新诗歌词化或歌词新诗化的问题，所以少男少女喜欢他。

两年之后，三十而立的戴望舒海归回国，此时施姑娘并未履行自己的诺言，是的，本来就谈不上爱情，所以用今天的观点来看，也不是什么移情别恋。据说诗人出国不久，施姑娘便爱上了一个冰箱推销员。很可能，这个职业在当时是新兴行业，比起写诗来要实用许多。为此，施蛰存只能瞒着这个朋友。可是回来之后什么都瞒不下去了，据说一怒之下的诗人曾当着很多人的面给了施姑娘一记耳光。

一记耳光，耳光响亮，刮走了第一位丁香一样的姑娘。

这个时候又是朋友出来说话了，这个朋友就是穆时英，当时也是著名的现代派小说家。他对诗人说，你要娶同学的妹妹，我有一个，而且比施姑娘更漂亮更年轻。这个妹妹就叫穆丽娟，比诗人整整小一轮年纪，她对诗人则完全是仰着脸看的那一种，在哥哥的安排下，还替诗人抄写手稿等。第二年也就是 1936 年，诗人与穆美女结婚。当时的男傧相是诗人徐迟，是个大帅哥，40 多年后却以报告文学《哥德巴赫猜想》而著名，晚年他留下一部回忆式的作品《江南小镇》，最后以 82 岁的高龄跳楼告别这个世界。注意，徐迟是中国作家中，最早使用电脑写作的几个人之一，据说为电脑曾走火入魔。

这第二位丁香一样的姑娘，很有点得来全不费工夫之感，没有写情诗猛攻啊，也没有单膝下跪啊，更没有玩自杀的行为艺术。新婚燕尔，诗人踌躇满志。一般来说，诗人的问题总是出现在结婚以后。如果照常人来看，这是一段很美满的婚姻，但正如得不到的才是最香的一样，热情过后，一切便被打回原形。诗人还是忙于自己的事务，很少关心，更谈不上疼爱妻子；而穆丽娟呢，也终于看到了诗人的本性和常态，她大概属于要先结婚后恋爱的类型的，她的年纪还处于要人疼要人爱的，可是诗人的脑子里却还是第一个丁香——施绛年。后来由于上海沦陷，诗人又不愿像大舅子穆时英那样在日伪机关里做事，他和妻子便定居到了香港。当时是有个别软骨分子卖身投靠了，如张爱玲的老公胡兰成。大舅子做了汉奸，这也多少成了一种夫妻之间的裂痕。后来穆时英在上海被国民党特务暗杀，妹妹得到消息之后痛哭流涕，戴望舒就像当时给施姑娘一个耳光一样，当着众人的面说她妻子：“你是汉奸妹妹，哭什么劲?”

诗人总是做出有悖常情的事。哥哥死了，哪怕是个汉奸哥哥，做妹妹的哭几声也属正常的啊。

于是这一次妻子回上海奔丧后，在母亲家呆了很长一个时期。逃到娘家去，这是自古以来妻子反抗丈夫的一种办法。当时沪港两地，交通极为不便，诗人也没法去抓她。再后来，丈母娘又去世，诗人怕妻子又一去不返，所以又瞒着死讯，等到妻子知道真相之后，一切为时已晚。

料理完母亲的后事之后，穆丽娟便留在上海了。期间一朱姓青年天天给穆丽英送花，搞得很是浪漫而传奇。当时是穆与戴的姐姐在一茶楼喝茶，被旁边三个大学生看到，他们为穆丽英的美貌而着迷，结果盯梢至穆家门口，其他两个大学生走了，只留下一朱姓青年，他坚持不懈地写信求爱，每天送一束鲜花，终于打动了穆，于是便开始了约会。对于茶楼，郁达夫

戴望舒和夫人杨静及子女

说过一句名言——女人的跟人逃走，大半是借茶楼出发地的。这在今天也多半是这样，只不过咖啡馆、酒吧和舞厅也是出发的多发地点。朱的求爱，让当时才23岁的穆感受到了恋爱的快乐，于是她写信给丈夫提出了离婚的要求。当戴知道后火速从香港赶到上海来劝说朱姓青年，结果这小子识大体懂大局，据说后来他走上革命道路，说是进大别山打游击去了。

由此看，革命与爱情是有着一些相似之处的，或者说他们是互为因果的。

大学生走了，而穆的离婚要求不改。于是他又使出了当年对施姑娘的撒手锏，又威胁着要自杀了，戴给穆写出一遗书，上面写道："从我们有理由必须结婚的那一天起，我就预见这个婚姻会让我们带来没有完的烦恼。但是我一直在想，或许你将来会爱我的，现在幻想破灭了，我选择了死。离婚的要求，我拒绝，因为朵朵已经五岁了，我们不能让孩子苦恼，因此我用死来解决我们间的问题。它和离婚一样，使你得到解放。"

穆丽娟收到信之后当时是慌了神了，便去找诗人的姐姐，可是连他的姐姐也不相信弟弟会真的自杀，姐姐说戴望舒已经自杀过一次了，他是死不了的。终于离婚就成了事实。注意，诗人的姐姐在当时也是个有名的老姑娘，当时也有不少新闻的，此按下不表。

两位丁香一样的姑娘，一位跑掉了，一位得到了之后又跑掉了，两位都是结着愁怨的。离婚已经成了现实。妻子再也不愿跟丈夫回到香港。

不过很快的，诗人又遇到了第三位丁香一样的姑娘。她叫杨静，比诗人小21岁，这是1942年5月。跟前两位丁香相比，同样漂亮有气质，今天从照片上看，有点像上官云珠。注意，后人有说戴望舒比较好色，我想这真是冤枉啊，哪有诗人，哪有男人不好色乎？后来这第三位丁香为诗人生下两个女儿，但最后却还是跟别的男人跑了。在某些传记作家的笔下，说杨静素质不高，不如前面两位丁香。我想这可能对杨静不公。其实一般的女子，由于她们没有所谓的话语权，所以文人的某些片言只语就等于是盖棺定论了。这一次的情变，可能主要原因仍在诗人，他是重蹈覆辙。如果说跟穆结婚，他们是生活在施姑娘的影子底下，那么这一次他跟杨静结婚，他们则是共同生活在施和穆的影子之下。因为他和穆育有一女，后来在上海的一段日子里，诗人有时得去接女儿朵朵的，跟前妻穆丽娟也仍有来往。有来往不要紧，但是诗人往往容易“忆苦思甜”，会在杨静面前说起前妻的好处来，那么你想想，生活中谁又能受得了这样的诗人呢？穆丽娟只是跟大学生谈恋爱，而杨静就很干脆，跟别的男的跑了。于是诗人只能跟杨静离婚。

所以我说，诗人一生都没有走出他的雨巷，一生都只爱一位丁香一样的姑娘。这位丁香姑娘，你可以说是施绛年，也可以说就是穆丽娟和杨静。而通过诗人的恋情和婚姻史来看，这丁香一样的姑娘，又只有在诗歌中才有，她是诗人创造出来的形象，是爱之女神。

所以诗人的前妻穆丽娟在晚年还说“他对我没有感情，他的感情全给施绛年去了”。

当然，当事人晚年的话也只可作参考的，中国没有卢梭《忏悔录》的传统，总是说别人不好，而且中国人很注重晚节的。所谓晚节，其实就是死后的名气，因为有子女等在。

然而诗人在大是大非面前却从不含糊，他的感情不仅给了丁香，而且更主要的是给了祖国。诗人在私情和家事上可能会有诸多糊涂之处，但在国事上却看得很清楚。上海沦陷时不做文化汉奸，他的立场是坚定的。当时有人劝他留在上海，可以去说服穆丽娟不跟他离婚，当这种条件摆在他面前时，他是宁要心中的祖国，也不要法律上的妻子。1941 年的圣诞节，香港沦陷，关于这一段历史，目前市面上连影碟都有了。当时戴望舒在香港办进步刊物，被日军视为敌对分子并被捕入狱。后来他写下了著名的诗篇《狱中题壁》——

如果我死在这里，
朋友啊，不要悲伤，
我会永远地生存

在你们的心上。

你们之中的一个死了，
在日本占领地的牢里，
他怀着的深深仇恨，
你们应该永远地记忆。

当你们回来，
从泥土掘起他伤损的肢体，
用你们胜利的欢呼
把他的灵魂高高扬起。

然后把他的白骨放在山峰，
曝着太阳，沐着飘风：
在那暗黑潮湿的土牢，
这曾是他唯一的美梦。





1949年3月，戴望舒又带着两个女儿毅然从香港回到了北京，决心为新中国做事。同时他又反复动员在香港的杨静也回来，但是因为种种原因，杨静还是没有回来。在后人的不少记述中，似乎杨静远不及施绛年和穆丽英。1950年，诗人因病在北京去世，他去天堂寻找丁香一样的姑娘了。

诗人之爱，看似见一个爱一个，其实情是他只爱一个丁香，一个诗歌中的丁香姑娘，所以我说诗人一生都没有走出雨巷。

诗人去天堂寻找丁香一样的姑娘了。在天堂，在杭州，在杭州的大塔儿巷，那条悠长又寂寥的雨巷，早年他从这里走出去寻找，寻找丁香一样的姑娘，现在我相信诗人一定是从天堂回来看过杭州的故居了，因为在他的诗歌中，曾经这样深情地写到了他的天堂——

这一片湖该是我的家乡
春天，堤上繁花如锦障
嫩柳枝折断有奇异的芬芳
我触到荇藻和水的微凉……

佩玉锵锵，洵美且都——多美的诗句啊！这诗句就来自我们古老的诗经。讲论语讲庄子讲史记讲三国的都成大名了，接下去不知道谁来讲诗经？



# 唯美诗人邵洵美



我敬重你，女人，我敬重你正像
我敬重一首唐人的小诗——
你用温润的平声，干脆的仄声，
捆缚住我的一句一字。

我疑心你，女人，我疑心你正像
我疑一弯灿烂的天虹——
我不知道你的脸红是为了我，
还是为了另一个热梦。

如果仅仅以诗论，如果不考虑诗的作者，我仍以为这是一首好诗，而且很有台湾现代诗的味道。除了第二节中的“天虹”和“热梦”两词跟今天稍有距离之外（去掉“天”“热”即可），我以为这是一首唯美的抒情诗。此诗的作者就是邵洵美，他跟徐志摩，在当年被称作诗坛双璧，也有文坛瑜亮之称。但因为鲁迅先生《拿来主义》中的一条注解，说他是富家翁的

邵洵美在北京

女婿，于是直到新世纪前后，邵诗人的名字才见诸书籍。近年来，其女邵绡红、其妻盛佩玉、其情人项美丽的相关书籍也都纷纷出版了，她们写的却都是一个人，那就是邵洵美。透过岁月的烟尘，我们似乎又看到了一个诗人唯美的侧影。

如果当年也在诗坛和文坛评选类似好男儿活动的话，我估计邵诗人有夺冠的可能。从现在留下的照片和画像来看，邵诗人堪称美男子，虽然个子不算高，但鼻子极为挺刮，人称希腊式的鼻子，这也是邵极为得意的。诗人中鼻子极为挺括的，当时的徐迟也算一个，后来的白桦和芒克也有一个好鼻子。在后人的笔下，邵诗人跟那位贾宝玉颇为相似，同是大户人家又是公子哥儿，且都爱胭脂，可能因为脸色过于苍白的缘故，邵诗人出门时爱搽点脂粉。后来他在项美丽面前还考证过中国男人爱胭粉，美丽对他说，别考证了，你一考就有失风度了。

项美丽的话说得很好，这是懂男人也懂诗人的女子才会说出这种话来的。

邵洵美是浙江余姚人，邵家却早就世居上海了。所谓富家的女婿，那是指邵的夫人盛佩玉乃名人盛宣怀之孙女。关于盛宣怀，必然会联系到李鸿章和洋务运动，在电视剧《走向共和》中，李和盛都是戏份很重的正面人物。在邵的女儿的书中，她觉得鲁迅先生《拿来主义》那一条注解对其父对其家庭很不公平，说他们邵家原来在上海也是大户人家。邵的祖父官至一品，曾作过湖南和台湾的巡抚，其父也在盛手下做事，但据说是个大烟爱好者，后被盛大人给开了。

好在由一条注解带来的不公平，也终会烟消云散去。

如果以诗论，邵洵美算作是新月派的，但他在《新月》杂志上却从没

20世纪30年代的盛佩玉

邵洵美与盛佩玉

有发过诗作。他好朋友，好做东，好埋单，既是性格使然，也是家财使然。而他最大的贡献，我以为是他的书店和出版业。他曾和朋友们在《申报》的对面，办了一家金屋书店，是取书中自有黄金屋之义吧，所以后人开玩笑说他是金屋藏娇之人，而这娇并非女人，而是朋友们的书。

关于朋友，特别是关于他的好朋友志摩，他的女儿有这样一段描述——

洵美被徐志摩深深吸引，包括他的诗，他的文采，他的学识，他的才气，他的为人。他灵感如泉，连吐珠玑，洵美认为中国新诗诗人当中，没有一个及得上徐志摩的。志摩比洵美长十一岁，也曾留学剑桥，洵美尊他为老师，视他为兄长，两人亲密无间。志摩喜欢的，洵美也爱之；志摩厌恶的，洵美也憎之……

还有我们知道，邵洵美曾题赠“茶壶与茶杯”给志摩和小曼，可见他们关系非同一般。而陆小曼对茶壶与茶杯说自然是不太高兴的，今天的女权者可能也是不高兴的。

如此的关系，邵诗人当然爱做东，所以有人说他是洋场阔少，这有他17岁就开名车为证，还说他好赌，还说盛家人就是爱赌的，说他们赌起来是用地契来赌的。其实当时有私家车的也不止他一人，志摩也有私车，虽然家产远不如邵诗人，后来手头又颇为拮据了，但还是不肯卖掉私车。让一部分人富起来，或者说一部分人事实上已经富了起来，这也是事实。如果我们从狭义上去理解，好像在朋友圈中也需要这样的阔少，比如他跟丁玲胡也频其实无多交往，他们也不属于一个阵营里面的人，但因为沈从文的关系，在胡被害之时，邵就送了1000元给丁玲，使得丁在沈从文的陪同下能够回到湖南老家。要知道丁玲是抱着怀中的孩子回家的，回家后还不能说孩子他爹去世了，只能说自己要出国留学去。

邵洵美的孩子们

邵洵美、盛佩玉和孩子

邵洵美与盛佩玉的结合，堪称天作之合。这里还有一段佳话，邵洵美是为盛佩玉而改了名字的。他原名邵云龙，自小读私塾，后进洋人学堂，16岁时恋上了盛佩玉。邵喜欢古诗，当读到《诗经》中《郑风·有女同车》一节时，一眼瞥见“佩玉锵锵”四个字，又见另外一句里有“洵美且都”四字，不禁拍案叫绝。“洵美”两个字意为“实在美”，“且都”意为“而且漂亮”。以“洵美”对“佩玉”贴切极了。于是他决定正式改名为“洵美”，以名寄情。你想想，一个男人为对方改了名，且这男人又是大帅哥和大才子，又是门当户对，所以这一桩婚姻必然是引人注目的，就像今天某个名主持嫁给某个富豪一样。只是今天的富豪，港台除外，内地的可能还是要打些折扣的，多是暴发型的，不是祖传式的。富不过三代，在当时也是这样。

佩玉锵锵，洵美且都——多美的诗句啊！这诗句就来自我们古老的诗经。讲论语讲庄子讲史记讲三国的都成大名了，接下去不知道谁来讲诗经？

还有一点我们也要注意，邵洵美那一代人的优势，古的和洋的都学过，不像四五十年之后，古的没有了洋的也没有了，老一代人在打仗，新一代人在修地球，虽然也有自学的，也有洋插队的，但那是补不回来的了。或许洋文尚能补一点，但是古文和整个中国古文化的东西，全部被革命掉了。前几年连战等到内地来省亲，听他们讲话，还有点汉语的韵味，否则汉语的味道都像央视的新闻联播或者台湾吴宗宪一类的搞笑节目了。

邵洵美的英语据说比英国人还英国人，这也是后来项美丽爱上他的一个原因吧。

俱往矣。

1927年，邵洵美与盛佩玉结婚，时年邵21岁，盛22岁。婚礼在卡尔

邵洵美、盛佩玉和项美丽

登饭店举行，盛况空前。证婚人是震旦大学创始人马相伯。婚后三朝友人来贺，我们熟悉的就有郁达夫、徐志摩、陆小曼、刘海粟等。他们的结婚照登在《上海画报》的封面上，冠以“留英文学家邵洵美与盛四公子侄女佩玉女士新婚俪影”，还配发了《美玉婚渊记》一文，一时成为上海滩的时髦话题。





据说当时邵洵美还写了首《我是只小羊》的情诗给妻子——

我是只小羊，
你是片牧场。
我吃了你睡了你，
我又将我交给了你。

据盛佩玉的回忆，婚礼是很简单的，连交换戒指的仪式都没有的。

还有，当时的邵氏三公子也是风云人物，其二弟式军日伪期间在伪政府里做财税官，政治上不行。其三弟小如，又是抗战积极分子，经常去问式军要钱，拿了钱之后要么接济洵美，要么用来给游击队添置武器设备，甚是可爱。邵洵美呢，不像二弟那样靠向日伪，也不像三弟那样积极。他是一个文人，他做自己想做的事情。

如果仅仅以诗艺论，邵洵美可能远不及徐志摩，但是他的长处是办实业，用今天的话来说他就是一书商。他曾经写过《晒书的感觉》一文（《洵美文存》，辽宁教育出版社），把人和书之间的关系分成了以下几种：

一是不看书的人；

二是不看书而想做书的人；

三是看书而不想做书的人；

徐悲鸿画邵洵美

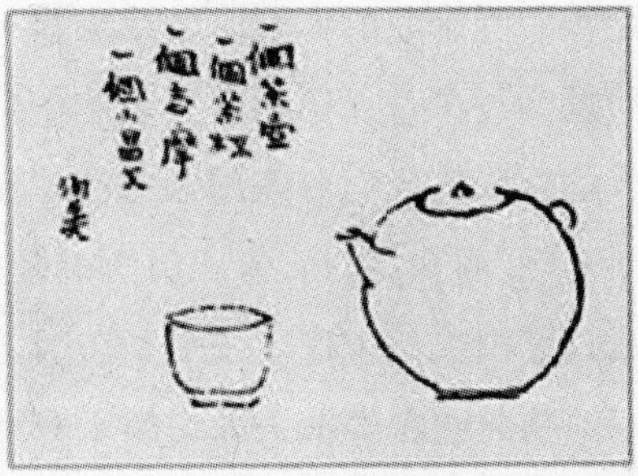


邵洵美给志摩和小曼的题诗

四是看书而想做书的人；

五是做书而不看书的人；

六是看书而做书的人。

邵洵美属于第六种人。当时他开办金屋书店，并买了德国的印刷机，办起了印刷厂。从现在来看，他也还是属于文人经商，不但没有赚到钱，还把家财都贴了进去，五六年里，亏空了一二百万，所以后人说他是毁家兴书。然而从客观上说，他帮身边的一帮朋友都出了书，而这些书，用今天的眼光来看，都是些纯文学的书，不是张恨水包天笑等人的畅销书，所以是赚不到钱的，最多只是赚了个名气。

金屋书店没能淘到金，后来他们又办了新月书店，这后来也成为新月派的主要阵地，其股东除了邵洵美之外，还有徐志摩、胡适、林语堂、罗隆基、沈从文、梁实秋等成员。后来到1933年，这批朋友都各有高就，这个新月也就散了。铁打的营盘流水的兵，在当时的上海，邵洵美的家可算是一个铁打的营盘了，而且他还有文坛孟尝君之美称。他一直在做杂志画报和印刷业，交往朋友无数，这一点盛佩玉在1985年写的回忆文章《我和邵洵美》中多次提及。也正是邵洵美的这一份家业，使他在1949年毅然决然地留在了内地。当时说是胡适已经替他买好了去台湾的机票，但他为了印刷厂硬是不走，他说他要跟家人在一起——这是他的大原则。很长一段时间，人们容易把他跟穆时英刘呐鸥等人混在一起谈，其实他的政治立场比那些文人要来得清晰。

现在该说到项美丽了。

一个茶壶一个茶杯，这是他给志摩和小曼结婚时的题词，这里有玩笑的成分在，因为它也是从辜老夫子的话中来的。项美丽是个中国名字，是邵洵美为她取的，她原名艾米莉·哈恩，于1935年跟姐姐一起到上海。当时她的身份是《纽约客》杂志的撰稿人，来中国之前可以说是没有多少名气的。以前我们对美国杂志的了解，大约也就知道《纽约客》和《花花公子》，然而在当时，宋庆龄听说她是《纽约客》的，就不愿接受采访，后来通过邵洵美做工作才接受了访问。

项美丽跟邵洵美大约属于一见钟情型的，所以邵会为她取上中国名字。她也知道邵有爱妻有家室，但还是义无反顾地爱上了邵，这其中的原因，近来已有相关的书作了披露，同时也纠正了原先坊间的各种传说。原先的传说是，邵洵美包养了项美丽，所以项美丽的地位也就类似于妾的地位。现在据香港作家王璞的说法，不但不是邵养项美丽，而是项美丽养着邵，甚至还接济过他的家小。这是为什么呢，因为日军进入上海之后，邵的印刷厂遭到了破坏，他们也从家里逃了出来，后来项美丽以美国人的身份去交涉，据说是要还一部分的财产等。所以事情发展到后来，邵和项都考虑过结婚的事情，因为一旦结婚便有了法律上的依据，邵的印刷厂就成了“外资企业”了，因为日本人对美国人是不敢怎么样的。老外的财产可得到国际公约的保护，而中国人的财产却得不到保护，这在今天想来还是颇为寒心的。

此乃一说，也就是说想结婚，不仅是情人关系发展之必然，还有其他更为实际的考虑。

然而盛佩玉还在，而且项美丽和盛又是相熟的，由此我们也想到了一句话——最危险的敌人常常就是你身边的那个人，情人也是如此。

项美丽成名在中国，当时她开始在纽约客上发表《潘先生》的专栏文章，后来又出版成书。这是一本半是随笔半是小说的书，在她的笔下，她和邵和盛的三人世界是一个和平共处的情境——

在一个晴朗的傍晚，佩玉突然建议我，要是怀了孩子，最好穿紧身裙，那以后，我们开始讨论多妻制问题。关于这个问题，她母亲最有发言权。她曾是佩玉父亲十位妻子之一。更有甚者，他（佩玉的父亲）最后并没死在她们任何人的怀抱里，他猝死于一名歌妓家中。

“十个妻子。”海文把佩玉的话翻译给我听，“但她们之中，没一个人是爱他的。不论他何时回家——他不常回家——她们就都赶紧回避，跑回自己的房间躲起来。”

文中的海文指的是邵洵美。注意，项和盛之间的对话需要邵的翻译，所以邵洵美的翻译一定是有所取舍的。一开始盛并不完全知道邵和项的关系。在项的笔下，还有深入到家庭内部的描写，如——

最大的孩子是个男孩，他是全家的骄傲。他出生以后，佩玉奋发努力，试图延续自己的成功。她又一连生了四个孩子。但不幸她们全是女孩。铁定地，坚实地，全是女孩。佩玉为此深为羞愧，她和她母亲常常怨叹命运。一个幸福的中国家庭应当不止一个男孩和继承人。应当多一个男孩以防不虞。不过，我不认为海文为此事对佩玉不满。一个男孩聊胜于无。佩玉有了很多孩子，已经避免了悲剧。可是海文的大家庭男孩匮乏，他们坚持劝他娶个小老婆，为他延续子嗣。海文则不以为然，因为他爱佩玉。

邵和盛的孩子，一大一小是儿子，中间六个是女儿。当年项美丽写这书时，他们才有五个孩子。

很快地，项美丽在上海的寓所成了当时的一个社交中心，两个爱交际爱朋友的人像磁铁一样吸引了众多的朋友，而他们之间又是相互吸引。在邵的朋友圈子里，邵项之恋已经成了公开的秘密，邵和项不仅是情人关系，而且他们还成了同道。他们曾在一起办杂志，这也是邵要做的事情之一，因为项就来自于著名的《纽约客》杂志。后来在邵洵美女儿看来，她父亲和项美丽的关系，在当时属于志同道合型的，不完全是情人间的关系。而今天我们从比较现实的角度来看，项从这个中国诗人那里找到了素材，并且由他的介绍帮助，得以采访到宋氏三姐妹，后来她的《我的中国丈夫》、《宋氏姊妹》在西方颇受欢迎，她采访到了别人采访不到的人物，写出了西方记者写不出来的文字。这一点，她得感谢邵洵美。应该说是邵洵美教她写什么和怎么写的，在这一点上，我们得相信邵的诗人兼书商的眼光。而邵洵美究竟有没有从项美丽那里得到实际的好处，即除了男女之约会，于他的事业和家业，究竟有什么好处，这还是不得而知的。这个唯美派的诗人，这个有着希腊鼻子的中国公子哥，同样碰到这么一个问题，要么跟项美丽结婚，要么就跟盛佩玉维持婚姻关系，不可能有第三条道路的。所以你不要看邵洵美多么西化，然而在男女和家庭问题上，高鼻子和低鼻子都是一样的。这个诗人没有比徐志摩走得更远。而邵洵美和盛佩玉结婚 20 年里生了 8 个孩子，这多少也是一种证明啊。

而在盛佩玉的回忆文章中，她只提到“项美丽为人文雅，装饰不俗，我们与她毗邻，往事密切，她朋友很多，杨刚同志便是她的朋友，住过她家。”这个杨刚同志，就是当年翻译过毛泽东的《论持久战》的大公报记者，当时邵洵美经常去项家跟杨刚一起探讨翻译。

没有人会甘心做情人，包括项美丽。1937年，日本人打到上海，项的生存和爱情都面临着危机。如何解决这个危机，邵曾经想过办法，包括跟盛离婚和项结婚，包括不跟盛离婚同时跟项结婚，但是项却没有接受这种天方夜谭式的建议。

现在看来，不接受是对的。

在两个女人之间的爱和留恋，徐志摩解决了，而郁达夫不算是解决，而且这两个朋友也皆未能解决好；而邵洵美碰到的又是一个新问题。至少项美丽是一个外国人，她的方便之处在于来去自由，不像两个中国女人只得守于这一块土地上。同时，就项美丽的性情来说，她也不是一个黏黏糊糊的人，所以最后她抽身而退。

原因是她看到了邵洵美还是爱盛佩玉的，这种爱更多地体现在于责任，在这种情况下把他从盛佩玉身边拉开，对项美丽来说没任何意义。其次，他有那么一个大家庭，8个孩子和一大群亲朋好友都把他当作主心骨。要是他俩远走高飞，他逃不开责任；而她，也逃不开良心的谴责，因为这个大家庭的成员，包括孩子们在内，都是项美丽的朋友。

同时，项美丽也有自己的世界。我们应该承认这是一个有才情的女子，回国后她也成了有夫之妇。在温梓川所著的《文人的另一面》中，曾记录下一个细节。说抗战胜利后，邵诗人曾去美国访项美丽，项对其丈夫说，我的中国丈夫要来了，我要招待他，你搬出去住一段，那个老外还真是搬出去了。这一细节是无法细考了，听起来好像有点乌托邦的味道。后来，项美丽在美国成为炙手可热的人物，她又出版过《我的英国丈夫》等，看样子她走到哪里，就把丈夫的帽子扔到哪里。项美丽喜欢游历世界，到一个地方找事情做，然后给媒体写稿，这样一种生活方式，仍是我们今天所羡慕的。你要让她呆在一个地方，然后嫁给一个人，安居乐业，这种可能性也不是太大。她也是一位多产的作家，一生出版过52本书，且有数百篇在《纽约客》杂志上发表过的文章。但是她被人记住的，仍然只是她的爱情故事，包括跟邵洵美的故事。

只可怜在后来的岁月中，邵洵美因项美丽而被捕入狱，原因是项曾被疑为特务分子。出狱后邵洵美主要从事翻译工作，译有雪莱的诗集《解放了的普罗密修斯》。他帮过的那些朋友，一个个远离了他。只有那位英国诗人的诗句伴随着他——

我看见一大团黑暗，
塞满了权威的座位，向四面放射出
幽暗的光芒，如同正午时的太阳。
它无形亦无状，不见四肢，也不见
身体的轮廓，可是我们感觉到
它确实是一位活生生的神灵

只是一个活生生的神灵，在那个年代里，也真的是无形亦无状了。解放后他把印刷厂给了国家，用盛佩玉的形象说法，那是小狗啃骨头，慢慢地啃光了，包括他们的一点家产。1958 年冬天到 1962 年春天，邵洵美在坐牢，出狱后头发全白，并患了严重的哮喘病，走路都困难了。后来邵洵美就在家中翻译书稿，完全没有其他的生活来源，完全靠译稿为生，以此养家糊口其艰难程度是可想而知的。1966 年，译稿停止，一家人的生活就更加窘困了。贫病交加让这位当年的孟尝君尝尽了人世的艰辛。

1968 年 5 月 5 日。唯美诗人邵洵美，终于离别了这个一点也不唯美的人世。

现在很多人认为叶浅予是个在爱情上失败的男人，虽然优秀而伟大，但是一个又一个的女人都离他而去。而华君武说他是个专找“霓虹灯”式的女人，大抵是指找的女人都耀眼发光的意思吧。作为爱情失败的佐证，有人说戴爱莲甚至在晚年都不愿意承认自己爱过叶浅予，只是说他优秀而已，因为优秀和爱还不完全是一回事情。



# 叶浅予的婚姻辩证法



文人独白，文人回忆录，说真话的少，流水账的多。尤其是晚年之回忆录，要顾及家人后人的情况，要考虑到方方面面，货真价实的东西很少，基本是清汤寡水的，不写也早为人所知的。胡适在世时，在台湾曾让他的同辈人写回忆录，应者也有，但能爆料的实在太少。尤其是在内地，在经历诸多“史无前例”之后，即使也有人在写回忆录，有人在号召说真话，但说真话何其难也！

而涉及个人情恋等问题的，更是禁区。有的作家早年就写过这方面的东西，到了晚年还是不得不算陈年老账。如沈从文早年写过《记丁玲》一书，记述可谓详尽也。到了上世纪80年代初，丁玲和沈从文都获“解放”，两人不仅没有相逢一笑泯恩仇，反而又在伤口上人为地撒上一把盐。所以我以为文人相轻，不是一句空话，因为彼此知根知底，一说便成了祸。所以有的当事人，便一直保持沉默，如徐志摩死后的陆小曼，她不为自己申辩一个字，唯一要做的就是要想方设法出版志摩的全集，因为那个年代，志摩非革命诗人，所以也没有人会来出版他的著作。后来，据志摩和张幼仪的儿子徐积锴回忆，他的母亲张幼仪倒一直对陆小曼保持着一份尊重。

叶老

当然，从恩怨关系上来说，张幼仪不能忘记的是林徽因，正如陆小曼不能忘记的也是林徽因，可是林本人敢对人说自己的痛苦和难处吗？

有的当事人也写过回忆录，如王映霞。对于她的文字，见仁见智也属正常。不过我以为，总要让人有一条活路吧。有些事情早已是死无对证了，所以也只能略备一说。比如说汪静之晚年回忆说，当年在武汉是王映霞来找他，让他陪着去医院做人流，这事汪的妻子也知道，但是郁达夫却不知道。汪还曝出王映霞与戴笠有一腿的事情……

说真话难，回忆录中说真话更是难上加难。当然也有例外的。有的当事人已去世，垂暮之年的老者便什么也不怕了。有的想说点个人情恋方面的事情，妻子或丈夫已去世，所以也就敢写一些了，这方面汪静之倒是个榜样，晚年还把情书情诗都拿出来出版。相比较而言，画家艺术家比所谓诗人作家要坦白得多，男性又比女性要坦白得多。很有可能，就艺术家而言，文字不是他们第一位的艺术语言，所以一旦引诸文字，反倒能写出一些东西来。而作家对自己的婚恋诸事，则是惜字如金，避讳多多，应该说很不好玩。

其实艺术家都是很好玩的，特别是他们面对艺术和爱情的时候。但是如果不是写自传的，或写自传又竭力避讳，那好玩也变成不好玩了。照我接触的艺术家传记，凡是妻子或儿女所写的，我以为是大可打个折扣的。

所以我们特别为大画家叶浅予而骄傲，他为我们留下了一部《细叙沧桑记流年》。

1907 年出生于富春江边的大画家叶浅予，是个坦白的人。他在 80 岁开始写作回忆录，难能可贵的是，他非常坦白地讲了自己一生中的几个女人，他是这样写的——

叶浅予的漫画作品

叶浅予为戴爱莲画的肖像

1987年是我的80寿辰，我开始动笔写回忆录。其中一个重要部分，是写我的家庭生活，从罗彩云、梁白波、戴爱莲到王人美，写这四个女性在我一生中所起的作用和影响。

孙女说，这么分开写，岂不影响自己的社会声誉？我说，把真实生活写出来，反而能破除社会对我的怀疑。

大画家能有这样的认识，真是不简单啊。我们不能保证回忆录的百分之百真实，但是至少为我们提供了一种角度。而他一生中的四个女人，他先是简括地叙述之——

罗彩云，是明明和你父亲的亲生母亲，可惜是个文盲；我和她之间，除了生儿育女，无感情可言，是我抛弃了她。

梁白波是个画家，才情横溢，与我一见钟情，可是她不能忍受情妇的地位，终于抛弃了我。

戴爱莲是个真正的艺术家，我倾心于她对艺术事业的奋斗精神，她对我的艺术事业起到极大的鼓舞作用，当然我也在艺术上给了她很多帮助，可惜在相处十年之后，由于环境的变迁，她另有所爱，抛弃了我。

在独居四年之后，由于朋友的推动，我和王人美结了婚。岂知我们之间，世界观、人生观和生活习惯如此不同，竟至在日常生活中缺少共同语言，貌合神离30年，迫使我专心一意在事业上寄托感情。王人美是个心直口快的人，自尊心太强，由于在事业上力不从心，很苦闷，容不得别人触犯她的自尊心，特别是长期高血压形成脑血栓之后，她性情更加乖戾，使我难以忍受。但想到我们已到垂暮之年，不得不强迫自己克制和容忍，做一个通情达理的人。

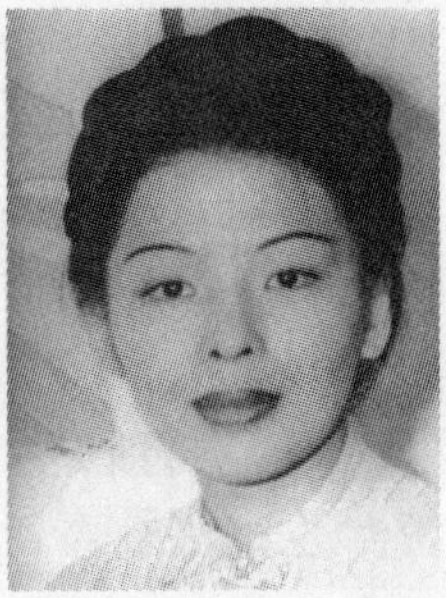

戴爱莲

大画家如此写了，倒让后面的传记作家没有什么事情好做了。

说叶浅予，可以先说张乐平。同是漫画家，我们现在印象中似乎张乐平名气更大，因为他创作了三毛的形象。其实叶浅予可以说是中国连环漫画的第一人，在他之前，中国还没有连环的漫画形式，而他创造的“工先生”和“小陈”的漫画形象，在当时可以说家喻户晓。在当时凡有连载漫画的，必然就有叶浅予的王先生和小陈。据说，这王先生的形象取材于邵洵美，脸是瘦瘦的；而小陈呢，则取材于章克标，脸是圆圆，当时这两位都是叶浅予的朋友。叶浅予的这个连环漫画一画就是十年，且达到洛阳纸贵的地步。直到抗日战争开始，叶浅予认为此类内容不适宜抗战的形势了，故毅然决然地自我了断。

王先生和小陈的漫画形象当时就被拍成电影，且是系列性的，一共拍了近十部。所以由漫画而改编成电影，中国在 70 年前就有了。到了上世纪 90 年代，又由张建亚改编成《王先生之欲火焚身》搬上银幕。同时代的漫画名家还有张光宇，我只知道他画过《金瓶梅》全套。还有就是丁悚，他是丁聪的父亲。当时的漫画家们处在抗战的时代里，所以他们的艺术创作是极进步和革命的，而在艺术上也都各有追求，并未一味地讽刺与幽默。就是从今天的动漫时代来看，我们现在的系列漫画的创作，其知名度还比不上“三毛”和“王先生”。我们后来是看到了朱德庸、黄玉郎等人的漫画故事，才知道即使是在港台，漫画也并不像我们所理解的单幅的讽刺和幽默的。

叶浅予后来从漫画转到国画，亦成大师。

叶浅予先生的第一次婚姻也是媒妁之言，当时叶家跟罗家结亲，自然是包办形式的。罗家是桐庐之望族，所以婚事宴请大约办了一个星期才结束。婚后的叶浅予自然是要回上海做事的，他的意见是妻子留在老家，当时的做法一般来说都是这样的。我们只要想想鲁迅的婚事、郭沫若的婚事，不管有没有感情，妻子之留守，侍奉公婆似乎是天经地义的。与桐庐县相邻的富阳，就是郁达夫的老家，一开始郁的原配夫人孙荃就先住在县里。但是叶浅予的妻子罗彩云是有先见之明的，她非要跟着叶浅予去上海，于是她也很快融入到大上海的生活中了，只是在生育孩子时回到桐庐老家。照叶浅予的说法，妻子罗彩云到了上海之后，倒是做起了专职太太，成天以打牌为乐。而叶浅予，照他朋友的话说，几十年来都是笔不离手的——如此，两人的情趣自然相距甚远。而外面的世界真精彩，这话也绝不是流行歌曲唱唱而已的。

在叶浅予有了一儿一女之后，大约也就是婚后的第五年，一个叫梁白波的女画家走进了叶的生活。

据后来黄苗子的回忆文章说，梁白波长得不算漂亮，但很有气质，而且她是在知道叶有妻儿的情况下，开始了跟这位画家的同居生活。两人都是画家，一下子有了所谓的共同语言。艺术家气质的人，恋情的开始似乎总是很快的，就像灵感的爆发一样。叶梁之恋，也算是名人之恋，所以可能一开始除了罗彩云不知道外，圈中的不少朋友都是知道的，因为叶梁已经出入双双了。不久小报上就曝出了绯闻，一篇《“王先生”失踪》把这个事情公开化了。

新闻舆论在任何时候都是很有杀伤力的。报纸一报，叶和梁只能逃离上海跑到了南京，前面讲过罗家还是颇有势力的，结果是叶浅予被罗家押回上海。这个情节想来还是很有意思的，本来该是让叶浅予悔过自新的，谁知叶浅予已开始向罗提出了离婚请求，妻子不同意，她的观点是除非是她犯了什么错误，比如是她不忠之类的，那么做丈夫的才可以休妻。想想也是有道理的，任何东西都是一把双刃剑，家里是望族颇有背景，这可以让人把丈夫抓回来，但是又因为是大家族，这个面子是非常之重要的。婚一下子离不成，于是后来就产生了一个折中的分居协议，由叶浅予负担妻儿的生活费用等。据叶老回忆，“文革”时的罗彩云是跟儿子生活在一起的，当时也受到牵连，得重症不忍病魔之折磨，后来吞安眠药而自杀。

然而叶浅予和梁白波并没有正式结婚。其原因就不得而知了。照前面叶的说法是她不忍情妇之地位，因为分居毕竟没有法律效力的。很可能在

叶浅予绘《红灯记》　叶浅予绘《百年纪念》之请柬

叶浅予解决家庭矛盾之时，这位艺术家已经移情别恋了，我觉得这也很正常吧。梁白波正式离开叶浅予，那是在 1938 年，这一年叶 31 岁。很快地梁白波爱上了一个空军军官，后来随夫定居台湾。据黄苗子、郁飞等一些名士之回忆，去台湾之后，白波为林海音编的杂志画过插图，但是艺术上没有再进一步的发展。据说晚年是比较凄惨的，她自比为一块抹布，并且有精神分裂的倾向。



这里有一个插曲，梁白波当年常在看一本叫《邓肯自传》的书，我们是在上世纪 80 年代才看到的，连同写凡·高的《渴望生活》，都是那个时期颇有影响力的传记。梁白波崇拜邓肯，巧的是她离开叶浅予后，上天却真的安排了一个舞蹈家来到叶浅予的身边。而且舞蹈家和画家也有共通之处，即她们都是从事造型艺术的。看过《邓肯自传》的人都晓得，舞蹈家邓肯的情人也都是艺术家和诗人，包括诗人叶赛宁。

离开了梁白波的叶浅予被组织派去香港办一本刊物，刊名叫《今日中国》，就是今天对外宣传的概念，刊物是直接由宋庆龄领导的。这时 1940 年，天上掉下一个林妹妹，从海外回来的舞蹈家戴爱莲走进了叶浅予的生活。当时戴要演出，叶去画速写，一个风度翩翩，一个娇小可爱。娇小可爱现在不太好从影像资料上看到，而叶之风度翩翩，倒是可从当时的照片中看到，的确是少见的那种艺术家的风度啊。俩人几乎是一见钟情。当时戴完全不会说中文，她是特立尼特和多巴哥的华侨，而叶的英语水平只是中学生的，所以两人几乎无法对话。好在叶欣赏戴的舞姿，戴欣赏叶的画，特别是戴爱莲看到这位画家画的全是自己的舞姿，这种感觉当然是比舞姿更美的。那个时候，戴爱莲有一种崇拜画家的情结在里面，这是后来叶才知道的。所以他们相识半个月，便结了婚。当时的情况是他们都要回重庆。万水千山总是情，万水千山终是难，临走之时，叶对戴说，让我们结婚吧！

当然，我们可能要等到他们十年之后才读得懂“让我们结婚吧”这句话后面的潜台词，或者说要经过更为久远的岁月，才会知道这两位艺术家当时为什么会闪电式地结婚的，特别是对于戴爱莲，她后来被称为“中国舞蹈之母”。

这一年就是 1940 年。这一年叶 33 岁，戴 24 岁。

那是一个战乱的时代，那是一个青春的时代。

一个画家和舞蹈家的结合，而且是一个对中国其实一点也不了解的舞蹈家，所以结婚对两人之间的影响肯定都是非常之深远的，特别是对于戴爱莲，叶浅予等于是她的一个引路人和导游似的。这无疑是一段极为幸福的日子，虽然经历了战乱等艰苦岁月，但是对于艺术家来说，战乱从来就不是艺术的敌人，艺术的敌人只能是对艺术的懈怠和麻木。这个时候的戴和叶都进入了一个艺术的创新时期，比如戴是把芭蕾舞中国化民族化的第一人，而叶呢，则开始了国画创作。两个人经常在一起采风，并且叶总是替戴画速写，留下了许多令人赞叹的杰作。不过后来在分手之后，照叶浅予的说法，因为语言不通等多种原因，叶浅予戏称自己是戴的跟包。叶戴十年婚姻，戴没有生育，她曾去香港治过病，但无果，这让她觉得有所愧疚。所以她后来把叶浅予和罗彩云的女儿视同己出。而到了 1950 年，叶浅予时任中国美协副主席，戴爱莲当上了北京舞蹈学校的校长。正是这一年，他们的爱情和婚姻到了终点。

1950 年的秋末冬初，叶浅予从新疆回来，戴向叶提出了离婚的要求，叶问为什么，戴说她已经爱上别人了。叶追问是谁，戴说是一个在这里住过的青年舞蹈家，其实就是她的舞伴。据现有的材料说，“文革”开始后她又被“舞伴”抛弃，可谓是尝尽了感情之痛苦。“解放”后又跟叶浅矛的女儿有来往，视明明为己出，直到后来她迎来了一段伟大的黄昏恋。此待后面再叙。

当戴提出离婚，这个时候叶浅矛才明白，上一回跟梁白波，如果说是自己越轨，那么这一回是轮到他要出局了。第二年由组织出面协调，两人正式离婚。

这对叶浅矛的打击是可想而知的，因为那时他已经 44 岁，所谓哀乐中年大概也莫过于此吧。

第四个走进叶浅予生活的是王人美，著名的电影明星，因《渔光曲》而蜚声影坛的，后来王人美嫁给电影皇帝金焰。二十世纪三四十年代的电影明星，离婚率普遍比较高，王人美和叶浅予认识时，叶已经独居五年，王人美呢，已经和金焰分手十年，他们俩是朋友撮合而成的。因为都是社会名人，又都是离异之后的单身，所以在经历一段接触之后，叶浅予向王人美提出了结婚的要求。王人美阅人颇深，当时是有过犹豫的，但后来还是答应了。1955 年他们结婚时，王人美 41 岁，叶浅予 47 岁。但是婚后王人美就说忍受不了叶浅予的大男子主义，才一个多月就提出要离婚……叶先生说他们的婚姻长达 30 多年，虽然磕磕碰碰，貌合神离，但也奇迹般地维持下来了。

而所谓磕磕碰碰，貌合神离，那是因为叶浅予的性格始终是外向的人胆的大大咧咧的，而且生活中也十分幽默，这跟他是漫画家出身很有关系；而王人美则经过了历次运动之后，变得有些胆小和自闭，生活中反而有些一本正经。何况两人都已中年，早就形成了各自的生活习性，两人又都是艺术家，极其敏感，所以其婚姻的磨合难度可想而知。后来整个中国社会越来越政治化，“文革”中叶浅予入秦城监狱七年，历经磨难。王人美也还在等着他，非常之不易。王人美后来也出版了《我的成名与不幸》，讲了他跟金焰和叶浅予的情感生活，倒也还算实在。其实三四十年代的那些明星，有好的传记的非常之少，原因无非还是不敢讲真话。王人美在她的传记中，自然是讲到了叶浅予的大男子主义。

其实关于解放后的王人美，人们所知甚少。不过恰好我手头有一张影碟，叫《青春的脚步》，是 1957 年长春电影制片厂拍摄的。王人美演一个遭丈夫遗弃的角色，丈夫因为资产阶级思想严重又道德败坏，爱上了自己表弟的女朋友。如果从年龄上来推算，当时王人美已经 43 岁，人到中年，野玫瑰的风采自然是没有了，而且她不像那些徐娘虽老风韵犹存的明星，即使在六七十年代，还可以拍些电影。我没有考证这是不是王人美的最后一部电影，但是在那个年代里，演技的陈式化等都是一个大问题，所以像王人美这样的也是无用武之地。

现在很多人认为叶浅予是个在爱情上失败的男人，虽然优秀而伟大，但是一个又一个的女人都离他而去。而华君武说他是个专找“霓虹灯”式

王人美

的女人，大抵是指找的女人都耀眼发光的意思吧。作为爱情失败的佐证，有人说戴爱莲甚至在晚年都不愿意承认自己爱过叶浅予，只是说他优秀而已，因为优秀和爱还不完全是一回事情。

要花一些笔墨来说说戴爱莲的另一段爱情生活，这曾经是叶浅予不知道也不愿面对的。辩证法本来是讲方法论的，又讲两分法，要知己知彼，但叶属于那种只知己不知彼的人，所以难免有了盲点。

其实让戴不能忘怀的男人既不是叶浅予，也不是当年的那个舞伴，而是远在海外的雕塑家——捷克人维利。这位中国舞蹈之母一生都没有从她的初恋中走出来。这话就得追溯到 1939 年。这一年戴留学英国，当时她在捷克人维利的画室里，利用暑假做过两周的模特儿，并且无可挽回地爱上了这个艺术家。但这个维利已经跟银行家的女儿西蒙订婚，而这位西蒙又恰好是戴的同学，也是学舞蹈的，当时正好放暑假回奥地利了，而戴爱莲呢，刚好利用暑假给维利做模特，他们就这样生活了半个月。半个月之后，西蒙回来了，戴就选择了离开，虽然痛苦，但却无奈。后来戴说这是她一生中最幸福的两个星期——这大抵也让我们明白了戴为何在跟叶浅予认识半个月之后就结婚了——是对艺术的膜拜，还是一种弥补心理？这里面太复杂，而这一切当时的叶浅予肯定是不知道的。据说戴曾经想把自己的初恋故事说给他听，叶浅予表示不想听。直到 70 年代末，戴虽然跟叶早已经离婚，但还是想把这事告诉他，叶浅予仍表示不想听。当时的戴爱莲作出了一个伟大的决定，她托人去英国寻找维利。40 年过去了，戴爱莲还在思念着跟他过了两周的画家维利。

天遂人愿，相隔 40 年，戴爱莲和维利又见面了，而且安排者竟然还是西蒙。当年西蒙回家过暑假，才把空当留给了她的同学。现在又是西蒙为

王人美在《青春的脚步》中

他们安排见面等，其实这也正常，因为戴毕竟也是自己的同学。而让西蒙更想不到的是，两位老人竟然旧情萌发……后面的事情更像是一场传奇，西蒙后来得了不治之症，她在病床上叫来了她的女儿，嘱咐女儿让这位戴姨妈，来照顾维利的生活。所以后来才有维利和西蒙的儿子来接戴爱莲去英国的事情。

半个世纪之后，这一对有情人终于生活在一起了。直到1995年，维利去世。也是这一年，叶浅予去世，这两位男人，都是1907年出生——真是一种说不清楚的宿命啊。一个是雕塑家，一个是画家，都是从事造型艺术的。

而作为那场爱情的见证，在维利的工作室里，在那两个星期，维利为戴爱莲精心创作的一尊颇具东方少女气质的石质头像，已经从维利的家里摆放到伦敦的英国皇家舞蹈学院的大厅里，而瑞典斯德哥尔摩舞蹈博物馆也收藏了戴爱莲石雕头像复制品。

但是在叶浅予的画册里，戴爱莲的身影就绝不是这么一幅了。我们知道艺术家都是多情的，但如何经营他们的婚恋，或许是一门更高的艺术吧，而在这方面，有的艺术家就显得比较单纯了。作为极有魅力的男人，叶浅予无疑是极有女人缘的。他一生中的四个女人，他努力地想读懂她们，所以直到晚年，在他的《细叙沧桑记流年》中，他努力地想探讨婚姻的辩证法。

但婚姻真有辩证法吗？或许是有的，但是爱情是没有辩证法可言的。如果有，那也基本是事后诸葛亮，也只有经历了沧桑，才能摸到一点点门道。

艺术不也是这样吗？

假如你是一阵过路的西风
我是西风中飘零的落叶
你悄悄地来，又悄悄地去了
寂寞的路上只留下落叶寂寞的叹息





# 之江情侣　柴米夫妻

大约是1981年的夏天，我第一次走进之江大学，当时叫浙大三分部。说得夸张一点，看到三分部的那些房子，当时好像身在异国他乡。虽然此前和此后我无数次路过这一地方，因为山脚下的公交车站，是我上下班必经之路，但唯1981年的夏天，一位齐齐哈尔的诗歌爱好者来到这里，我上山去跟他聊天，当时还在学生宿舍住了一夜，好像正是放暑假时期。

此山叫作秦望山，就在钱塘江边，跟著名的六和塔只相距一站路，而再望西一站就是著名的九溪十八涧。那么一个好地方，坐落着这么一所好的大学。当时印象极深的是校园里那些极漂亮的房子，特别是那红墙的教堂和钟楼，夏夜散步时有一种极清凉清净的感觉，很像世外桃源。

早一些年，杭州的媒体曾经列出杭州最适宜谈情说爱之十佳场所，之江大学的旧址，就是十大之一。著名作家、杭州人高阳也读过之江大学，但那时是抗战时期，该校已迁往上海，后来又迁往贵州云南等。这真的是很有名气和骨气的一所大学。现在，它仍属浙江大学之江校区。之江，钱塘江的别称，因为钱塘江呈之字型。

后来我才知道，原来这是一所美国的教会学校，建于1914年，目前之

朱生豪和宋清如

江大学旧址还是国家级文物保护单位。当年列强侵入中国时，都要求中国割地赔款等，唯美国没有要求拿现金，而是用所谓“庚子赔款”的钱来把晚清时期的一些学子送出去留学，这一影响真是深远啊。可惜现在很少有人说起这一段的历史，而教会学校在中国的影响力，也很少有人好好评价过。

上世纪八九十年代，当我坐公交车路过浙大三分部时，我见不少教授在这一站上上下下，他们中不少还是国宝级人物呢。当时一代词宗夏承焘就是之江大学之江诗社的社长，而他的高足之一，就是因译莎士比亚而蜚声中国文坛的朱生豪。

这一“当时”，差不多要到80年前的1929年了。当时嘉兴人朱生豪已经是之江有名的才子，诗文俱佳，中英文俱佳，他的老师夏承焘曾如此夸奖这个学生，说“朱的才智，在古人中只有东坡一人”。

所以当1932年，江苏常熟人宋清如来读一年级时，人家就向她介绍朱生豪了，这很有点未见其人，先闻其声的味道。在大学里，学子们在不同时期可以不同方式出名。比如上世纪八十年代初，诗写得好、是诗社一员，那就很能吸引女生；再就是舞跳得好、吉他弹得好，会唱摇滚；接下去是演话剧；然后是踢足球或打篮球……每个时期总有吸引女生注意力的撒手锏，而在朱生豪读大学的时期，诗歌也是男生和女生之间的一种联系纽带，是酵母是粘合剂，特别是对于宋清如。

因为宋清如的诗文也不错，所以才会看中朱生豪的才气。早年家里已经为她订下了一门亲事，她后来要求母亲退亲，要求用做嫁妆的钱来读书，好在母亲开明，遂培养出了一个名女人。中国现代文学史上，母亲开通开明的不在少数，比如说丁玲的母亲也是极开明之人，生了丁玲之后也还去

浙江大学之江校区旧貌

之江大学旧址

上学读书，这对丁玲以后的成长道路也是很有影响的。宋清如后来说，她对婚姻有三个不——第一不嫁当官的；第二不找写小说的；第三不找常熟人。

第一似乎还好理解，当时有不少女大学生是看不起当官的，这跟今天的公务员热恰成对比，且是鲜明之对比；第二呢可能是小说看多了，觉得小说家有点可怕；第三是因为宋小姐当时看到的常熟男人以公子哥儿居多。

其实宋清如在今天要算是张家港人氏了，因为行政区划的调整。

30年代初，像宋清如这样的女大学生当然是奇货可居的，但是她潜意识里是有点怕结婚的，因为结婚是爱情的坟墓。但是在之江大学，她遇到了学哥朱生豪。虽然他们年龄相同，但宋清如大一时，朱生豪已经大四了。宋清如参加了之江诗社，规定要交一首诗，宋应酬一下交了一首打油诗给朱，朱看了看不予评论，却把自己写的诗给宋清如看。

这一细节很有意思。朱生豪不评宋诗，大概是因为宋的这一首诗不怎么样，而奉上自己的诗，这就是很有想法的行动。这跟借书一样，一来二去交往就会多了，而且由此也看出，在宋学妹面前，朱学哥对自己的诗颇有自信。

当时在之江，关于朱生豪有两个传闻，第一是他少言寡语，不会在女生面前献情，所以人们称他“没有情欲”之诗人；第二是他当时也有一个女生跟他走得比较近，年龄却长他6岁。

没有情欲之诗人，实际上说的是敏于思而讷于言行，作家中有不少是这样的人，好在他们是作家，还可以写，可以写情书，所以遂有沈从文追张兆和的三年情书。而朱生豪之“没有情欲”，也是一种表面现象，从朱生豪开始给宋清如看诗作这一刻算起，实际上就是一个明显的信号了。

朱生豪的译本

而宋清如呢，也终于在之江校区里成长为一个有名的女诗人了，她在杭州人施蛰存编的《现代》杂志上发表过诗作。据施作家后来回忆说，在前三卷的现代杂志上，就发过宋清如的五首诗，当时在这杂志上发表诗作的还有艾青、戴望舒、郭沫若、朱湘、何其芳、李金发等著名诗人，这说明宋清如的才华也渐渐为人所关注了。

当然女诗人之受到男编辑之关照，在今天也不例外的，只是打铁先要自身硬，自身如没有才气，那也会扶不起来的。

宋清如来到之江大学的那一年是1932年，她像一阵轻风，吹拂起之江才子朱生豪的涟漪。

秦望山下，钱塘江畔，一个大一，一个大四，两位情侣相处的日子实际上并不多。一年之后，就得分别了，俩人只能靠书信往来，其书信又是情书居多。

最为著名的是朱生豪写给宋清如的——

楚楚身裁可可名，当年意多亦纵横，同学伴侣呼才子，落笔文华绚不群。招落月，呼停云，秋山朗似女儿身。不须耳鬓常厮伴，一笑低头竟已倾。

我的野心，便是想成为你的好朋友；现在我的野心，便是希望这样的友谊能继续到死时。谢谢你给我一个等待。

在这里我倒是很意外地发现，洋洋洒洒之莎士比亚中文文体的创始人，其古典诗的功底也相当了得。

而宋清如也有诗写给朱生豪，其中《假如》一首中有这么四句——

假如你是一阵过路的西风

我是西风中飘零的落叶

你悄悄地来，又悄悄地去了

寂寞的路上只留下落叶寂寞的叹息

宋清如写这一首诗时，朱已经毕业，去了上海的世界书局做英文编辑。晚年的宋女士讲起这一首《假如》时说，“我的诗后来竟成了我与生豪两个人一生的写照”。

两地书。朱生豪是活在文字里的人，他当时一周两到三封信写给宋清如，宋则一周一封回复朱。后人像考证鲁迅和许广平之《两地书》那样，来考证朱宋的情书，发现朱生豪之落款就很有个性，他用过的好玩的署名大约有——“黄天霸”“张飞”“常山赵子龙”“猪八戒”“牛魔王”“云始天尊”“伤心的保罗”“兴登堡将军”“和尚”“无赖”“饿鬼”“小癞痢头”“魔鬼的叔父”“傻老头子”“叽里咕噜”；还有什么“蚯蚓”“野狼”“鲸鱼”“阿米巴”“冬瓜”“豆腐”“臭灰鸭蛋”“你脚底下的蚂蚁”……

跟鲁迅先生有得一拼。

1935 年，朱生豪决定翻译莎士比亚，并希望把译著当作礼物献给宋清如。没想到这一举动，成就了朱生豪，使他成为莎士比亚译作的第一人。从那时起，朱先生除了译著，还曾在报纸上发表过 1000 多篇的新闻随笔，内容是揭露日伪和德意法西斯的罪行的，其文风跟莎著截然不同。后来这些随笔汇编为《朱生豪“小言”集》一书，由人民文学出版社于 2000 年出版。

一个是风，一个是落叶，两人经过 10 年的爱情长跑，终于在 1942 年 5 月 1 日的上海结成正果，夏承焘大师为这对高足题写了“才子佳人　柴米夫妻”之说。才子佳人是他们之本质，而柴米夫妻则是生活之现状。也很有可能夏大师已经预想到了他们当年的生活窘境，而且不幸说中了。我曾经听夏大师学友的儿子说起过夏在文革时买西瓜的事情。说那时夏大师住在杭州大学时，每每听到下面有人吆喝卖西瓜，他就拄着拐杖笃笃笃地下楼来，一问价格便又笃笃笃地上楼了。人们不理解，说像夏教授这样的，怎么还在乎这一点西瓜钱啊，而且那时西瓜才几分一斤呀！

教授自有教授的理财方式。而朱生豪与宋清如的爱情长跑，果然有时世艰难的原因，但也不排斥生活的艰辛。当时朱译莎士比亚尚未完成并出版，所以生活很是窘迫，现在据他们儿子朱尚刚所著的《诗侣莎魂——我的父母朱生豪、宋清如》中披露，两人在结婚时就有一个《约法七章》的，其中就有很具体的规定——

一、为避免离别痛苦起见，生豪愿于本年暑期后随同清如重回常熟居住；并为使莎剧译事早日完成，不致时作时辍起见，非有重要事故，暂时不再返归嘉兴。

二、生豪愿对岳母尽最大可能之孝敬，并诚意服从清如之任何训令；唯清如亦必须绝对尊重生豪之感情，勿令其在精神上感受痛苦。

三、生豪必须按月以稿费三百元供给姑母等二人生活，清如必须予以种种精神上之协助，使其能在安定之心理下达成此项目的，而不致随时遭受不快意之阻挠。

四、清如必须向母亲明白要求划出每日下午时间作为与生豪商酌文字上疑难，及个人读书写作之用。

五、清如必须向生豪保证不得有六小时以上之离别，如有必要之理由，当先征得生豪同意，并约定准确归期，不可失信。

六、关于补习英文事宜，可由清如就下列二办法中决定采取一种：

(A) 除王龙因至亲关系，可允其间日一来外，其余一概拒绝；徐氏姐妹如偶有疑问，可予以讲释解答；唯王龙代应其校中课卷，清如应先向王家姑母说明，教授王龙以不接受金钱酬报为条件，否则不教。

(B) 收纳资质聪颖之学生五六人至七八人，规定每日上午为教授时间，每月须有一百五十元至二百元学费收入，以补贴本人饭食及损失。

七、清如必须允许生豪不勉强其从事不愿意之行为，如单独陪陌生人吃饭等。

我觉得这个约定真是有意思啊，除了经济问题，还有个人生活细节问题，比如充分照顾到朱生豪之个性，连不愿单独陪陌生人吃饭等都写上去了，甚是有趣。我曾经写过蔡元培征婚的公开化透明化，但这只是婚前，婚后夫妻如何规定和约束，这朱生豪和宋清如的约法七章可作参考的，其中涉及经济关系，对丈母娘的供养等非常明晰。特别是第五条，更是有意思，“清如必须向生豪保证不得有六小时以上之离别”，后来的确有一段传说可以来作佐证的。

说有一次宋清如有事回了趟常熟的娘家，事先给他准备好了七天的饭菜。谁知妻子一走，朱生豪竟每天在雨中站在门口的青梅树下等候，捡一片落叶，写上一首诗："同在雨中等待，同在雨中失眠……"

这个时候朱生豪已经有好几顿饭都没吃了。宋清如回来看丈夫这个样子，就发誓再也不离开他半步了。

在生活中，朱生豪完全依赖宋清如，他当时已经到了"足不涉市，没有必要简直连楼都懒得走下来"的地步，据说傅雷译书时也是这样的。但朱生豪之文人气似乎更重，他对妻子的依赖程度也更深。宋清如曾经回忆过他们第一次见面时的情景，说朱生豪完全像个孩子，这可能是指其腼腆和内向吧，而作为宋清如也自然对他有了一种呵护之潜意识。她后来也认为对朱之爱，还包含有一种母爱之成分。

当然任何约定都是针对君子而非小人的，这个约定背后到底有什么背景，现在大抵是不太说起了。我觉得凡事要看背景，而我们总是习惯省略了背景。央视十套做过一套《那一场风花雪月的往事》，说的就是上世纪前半叶，那些有名文人的婚恋故事，做得也还算用心的，但又往往是做一见钟情的居多，不说矛盾或者是有意回避矛盾，这就是一个问题。其实文人更是常人，一见钟情时可能会更浪漫一些，但在柴米生活中，有时又会显得更无能和无奈。

战乱，逃难，迁徙，再加上贫病交加，这一对柴米夫妻的确生活得十分窘迫。其实对于这一点，宋清如曾经有过心理准备的，结婚前娘家问她有无中意之男人，她曾经说过一句，有是有一个的，只是比较穷而已。后来她的亲戚说，你们两个人可以工作，再穷也穷不到哪里去。这个话曾对宋清如的结婚是起了作用的。只是婚后宋清如开始做家庭妇女了，而更悲惨的是，这位才子也渐渐地走到生命的终点了。1944 年的 12 月 26 日，朱生豪去世，这一年，他和宋清如同为 32 岁，儿子则刚满周岁。

朱生豪的墓志铭是——这里安眠着一个孤独而又古怪的孩子！

这是朱生豪自己的诗句。

朱先生逝世后，宋清如曾再嫁他人。此人曾是他们共同的同学，他对宋清如说："朱生豪比我有才，生前我不与他争。他死了，我要娶你。"这个话就今天听起来也是很感动的。谁知婚后，宋清如发现他已有妻子，于是愤而离开。那时宋已怀孕在身，不久产下一女。女儿长大后，追问父亲为何人，宋清如不能回答。后来知识青年上山下乡，宋清如的一儿一女皆离家支边去了，而宋曾在多所学校任教，包括杭州师范学校、杭州商业学校等。“文革”结束后，宋清如将回城的名额给了女儿，儿子当时却还留在了新疆。

这个选择，也曾经被人拿来做文章。

才子佳人，柴米夫妻，这作为佳话和谈资是可以的，但是真要在生活现实中，那是极难的。照我的看法，才子佳人，最好还是不要做柴米夫妻；而做柴米夫妻的，最好也不要去舞文弄墨了。当然，现在的柴米夫妻们把希望都寄托在下一代身上了，不知这是不是另一种悲哀。

伟大的莎士比亚，伟大的朱生豪和宋清如。我现在家里珍藏了一套《莎士比亚全集》，我们都知道莎翁很厉害，如果懂通他，在现代至少也可当个编剧混饭吃了。这是一个小品的时代，浮躁之心是读不进莎翁的。莎剧 37 部，朱生豪译完了 31 部，解放后朱生豪的弟弟和宋清如都先后下工夫译过另 6 部，想了却朱生豪未了之心愿，但均因风格不同而未被采用，如果朱生豪地下有知，应该是感到欣慰的了。

才子佳人，其实宋清如还不是一般的佳人，她本人就是一位才女，完全可跟林徽因、陆小曼等媲美齐名的才女，从现在仅看到的几首诗来看，其水平的确不同凡响。我们就以这一首宋诗人写于 1980 年的《招魂》结束本文吧——

也许是你驾着月光的车轮/经过我窗前探望/否则今夜的月色/何以有如此灿烂的光辉/回来回来吧/这里正是你不能忘情的故乡

也许是你驾着云气的骏马/经过我楼头彷徨/是那么轻轻地 悄悄地/不给留一丝印痕/回来回来吧/这里正是你倦倦的亲人

哦，寂寞的诗人/我仿佛听见你寂寞的低吟/也许是沧桑变化/留给你生不逢时的遗憾/回来回来吧/这里可以安息你疲乏的心灵一生都在恋爱，说明其荷尔蒙的活跃和蓬勃，反之只靠写写回忆录和工作报告那是不需要激情的。创作是需要欲望需要动力的，恋爱就是其中的一大动力。所以一生都在恋爱的人，也等于说一生都在创作，无名氏就是这样一个作家，这样一个男人。





# 无名氏：斯人一生都在恋爱

在哪里读过一句诗，其中有一句是这样的——诗人啊，诗人一生都在恋爱……

想想是有道理的。诗人一生都在恋爱，这里既有用文字恋爱之意，又有用生命去恋爱之意。其间的区别只是，大多数诗人少年轻狂，而到老则隐蔽得比较好，而有的诗人则“一有机会就要表现我们的力量”，作家无名氏就属于后者。

25年前，我在一本杂志上读到一篇小说，当时这一期的杂志非常有名，登了几篇有争议性的作品，我也是看了那些作品之后才读这篇小说的，看好后整个人就呆在阅览室了，好像脑袋被打了一棍子的感觉，晕晕乎乎的。后来我去买了那一本杂志，后来又买了以此小说为名的一本中篇小说集。当时买这些杂志和书，几乎要花掉我一个月的零用钱啊。

这篇小说叫《北极风情画》，杂志叫《十月》，这篇小说的作者叫无名氏。当时是一个正在产生文学新星的时代，所以我便理所当然地以为这无名氏又是一个刘心武或张抗抗，否则为何叫无名氏呢，为何要匿名呢？那小说里的异国风情，那男女间炽热的爱恋，看了令人心动啊。那也是一个

80岁时的无名氏风度还蛮好

心动和行动兼备的年代，后来我又有点爱屋及乌，再后来，大概是十年之后我才知道这个无名氏竟然就在杭州生活了几十年，并且知道了他原名叫卜乃夫。他竟然就住在我当年经常去看电影的卖鱼桥一带，而我在《十月》上看到他这篇小说的时候，他也才“平反”不久，也还是一寂寂无名的老人。“杭州湖墅华光桥河下15号，一座老式的民居”，这也是我最近才知道的他当时的住址。2002年，人民文学出版社出版了无名氏的《在生命的光环跳舞》一书，书里他较为详细地记述了大运河旁自己的这个家这个房子。说起来也还是很有来历的。这个房子还是钱武肃王后代的房子，后被杭州的一大富翁买下，解放后里面住进十三户人家，从无名氏后来的回忆文章中可以看出，大有“七十二家房客”的味道。有邻居对他不好，也有的请他喝“龙井十八棵”皇帝的御茶，而当他“平反”之后，以前对他不好的人又对他刮目相看了。

公元2000年前后，有关他的书有关他的恋爱史的报道也多了起来。在我的印象中，他是一个极具争议性的作家。说他好的人，认为他的文学成就不说空前绝后，但至少超过了同时代的人，比如他自己就认为要比巴金厉害。而说他不好的人，比如他的第二任妻子、小他39岁的马福美，即使在他于2002年辞世之后，也绝不放过他，专门写作了一部长达500页的《单独的新娘》，对他进行颠覆性的揭露，此书被认为是“鞭尸”之作。然而不管怎样的评价，无名氏的狂放和浪漫、人如其文的风格，以及他一生都在恋爱的那种做派，这是毫无争议的。从1949年到1982年，当时的文坛没有人知道他还活着，而且就在杭州默默地写着《无名书》。没有工作，没有固定的生活来源。那几十年里，有的作家不写了，有的作家都改用一种腔调写作，他却仍然以无名氏般的风格在进行写作，而且一如既往地书

无名氏与马福美

写着他的爱情传奇。

是的，在一些传记作家的笔下，无名氏是一位情痴，爱了一辈子，写了一辈子。他自称他小说里的爱情故事，百分之九十九是真人真事，且是自传性质的，如《绿色的回声》中，他写了他和中俄混血儿刘雅歌的爱情故事；在《抒情烟云》中，又把他跟大画家赵无极的妹妹赵无华的恋爱公布于世，此乃四十年代末，发生在杭州西湖边葛岭的一段故事，当时赵无极把他的别墅借给无名氏住。





关于这一段，无名氏曾在《旅杭二十载记》有过一段记述——

明年冬（1947年）乃迁葛岭赵宅，宋半闲堂遗址也。传贾相（贾似道）战蟋蟀于此，今环佩已不可闻。此宅二庙七分，花园占其过半，风物明媚，林木葱茂。凌霄耀宇，紫藤绕屋。春放玉兰，冬吐雪梅。后窗向翠峦，前轩临西子。湖山秀气，纷披室内，烟波浩渺，悉漾眼底，诚亘古绝色也。人世倥偬三十载，平生渐入佳境矣。

这倒也让我们看到了无名氏的另一种文字风格，中国的古典的，而非他小说中浪漫的西化的长句子式的。此文写于1966年，外面正轰轰烈烈，而他还能写出如此的文字，可见其心境的修炼功力。

住到葛岭赵宅之后，无名氏才有机会接近赵无华。但所谓天妒红颜，赵后来死于肺病，她在杭州也只住了三个多月。远在国外的赵无极看到无名氏的文字后，非常生气，就说妹妹从未与无名氏谈过恋爱。1998年，浙江文艺出版社出版《无名氏散文》，曾收录《抒情烟云》。

无名氏一生都在恋爱。他后来曾写《光棍自述》一文，说前半生打光棍是主观原因，因为怕结婚影响写作；后半生打光棍是客观原因，因为没人愿意嫁给他，这说得倒也基本符合情理。1954年，无名氏在杭州有了第

无名氏与母亲在葛岭别墅大门

一次婚姻，这是他跟一姓刘的女子结婚，结婚时他 37 岁，妻子小他 12 岁。妻子是他母亲的养女，他对她一直是以表妹相称，当时她是上海的幼儿园的老师，所以他们也是聚少离多的。妻子的工资曾是他的生活来源之一。这段婚姻保持了 18 年之久，直到 1972 年，他们才算正式分手。至于说离婚的原因，除了政治上的之外，也有聚少离多没有子女等原因，还有无名氏性格上的原因等。据说无名氏去上海看妻子时，也会因为去探访朋友而彻夜不归。几十年之后，无名氏曾著文怀念妻子，因为不管怎么说，那些岁月里，他基本就是一废人，没有工作没有收入，他是靠妻子微薄的工资，以及香港的兄长的接济而生活的。他也把妻子跟他离婚的原因归咎为妻子那些小姐妹的怂恿，因为在 1972 年，是他最为落魄的日子，他也曾被打成“反革命”，去劳改农场劳动，时达 14 个月。

离婚后，也就是说无名氏在 55 岁时重又成了孤家寡人。当时他住在大运河边，一直陪着他多病的老母。据说他被抓走的时候，老母曾追到街上去寻死，但没死成。在老母生命的最后阶段，是无名氏陪伴在一旁的。老母过世之后，无名氏曾借小说中的人物写过这么一段——

那条长长运河就在大门外。浑浊的河水，黄滚滚的波动着。每一次兀立河边，他对它总凝视许久。但他并不想跳下去。他只是好奇，为什么这片河水流了一千多年，个人生活竟变得如此缓慢？

“一切都是命！”这是他每一次凝望河水时的结论。他现在似乎有点相信宿命论了。

湖畔诗人汪静之曾经对无名氏开玩笑说，说无名氏一生享三大福，一享结婚而过单身生活，二享婚后断子绝孙，三享数十年不工作……现在看来，这于无名氏还可能真是享福了。如果当时妻子在杭州工作，他就不能

老照片中的运河

过他的“单身生活”，那么很显然生活中的磕磕碰碰可能早就磨灭了他的理想或幻想，或者说他有可能早就过正式的“单身生活”了。而如果我们从关心女性的角度来说，你跟一生都在恋爱的诗人谈谈恋爱是可以的，但如果谈婚论嫁，却不是一个好的选择。

而无名氏选择居杭州写作，他也为此付出了巨大的代价。解放前夕，他几乎所有的亲人都去了港台，他也完全有这个条件去那里，但当时他不走，不走的理由是他要陪他的母亲，但我以为这只是他的借口罢了。其实留在内地，还是他内心的需求，因为他知道他正经历着时代的巨变，而大作家的大作品，无一不是写大时代的剧变的，他想经历并见证这一巨变，另一方面他以为杭州又是他写作的最好的居所。

时代的巨变，他的内心当然也是矛盾的，他是目击者和亲历者，但他却不想跳入这时代的大潮之中，而是站在岸上静观其变，这是他的选择。他当时要竭力让自己从公众视野中消失，所以拒绝参加文联作协的一切活动，不跟任何组织发生联系，当整个社会都在轰轰烈烈地进行改造之时，他把自己改造成了一个无业人员，没有工作，户口关系只落在街道里。为了让人们不惦记他，他甚至不惜装病，且一装就是几十年。他在桌子上放着有关医学的书，他甚至让保姆替他穿衣服，目的就是为了给人一种假象，一种他已病入膏肓的假象。

这样的作家，在解放后是绝无仅有的。

所以其实不是社会有意忘却他，而是他故意要玩失踪和遁形，说起来这跟李叔同入佛门还有得一比。但是李叔同成为弘一之后，社会并没有忘记他，而无名氏呢，真的从人们的视野中消失了。

从 1946 年无名氏迁居杭州起，他的小说就大多以杭州为背景了。我们

老照片中的葛岭

无名氏在杭州运河旁的旧居一角

知道他的小说大多是风花雪月才子佳人，所以他认为杭州是最好的恋爱故事的发生地。当初他要迁居杭州的最大的动因是要写一部叫《海艳》的长篇，他在此书的再版序言中提到过当时的创作状态——

那时，我下榻杭州慧心斋，生活如古僧，禅室是书斋，窗明几净，空寂如簌……西湖虽距二十分钟路程，我却不时去采集湖光山色，青峰绿水遂由我的眼移入室内，白堤苏堤上的鸟语花香，更由我耳我鼻带进庵内。这是一片真正绝缘的植物性空间，每立方厘米全盈溢宇宙大化意，执笔写《海艳》爱情故事时，自然就流露出一脉空灵情，一片空灵境，一派空灵格调。

将身心与自然环境完全融为一体，这是无名氏的做法。他的作品，也就是一部杭州的导游地图，在西湖葛岭、在玉泉、在平湖秋月、在灵隐、在苏堤、在茅家埠，男女主人公的眼睛里，全是西湖的山水，全是空灵二字！

且看这一段《海艳》中的描写——

船在水中行走。塔在水中映。树在水中浮。山在水中弯。这是一个淡淡阳光的下午。湖像一大片蓝色裙子，在船上人眼里飘起来，是一个舞女探身下跪撑满舞裙如伞的静姿。

二十分钟后，船靠平湖秋月，泊下来，大家上岸，拣一扇柳树荫下，傍湖的座子，泡了茶。瞿太太从船上取下两只描红花的杭式竹篮子……

瞿太太笑道："西子的特色，就在这点柔媚无骨，女人气，假如它后面是高山峻峰，西湖山水就不再是杏花烟雨江南了……"

所以在无名氏的晚年，在他离开内地数年之后，他最想定居的已经不是台湾，而是杭州西湖了。

而当年在杭州的岁月，他跟一批艺术家打成了一片，而艺术家身边的女性，自然是会让他心动的。赵无极的妹妹，林风眠的女儿，等等。但是后来赵无极为何要否定他呢？可能这跟无名氏的个性很有关系。他当时也是极为张扬之人，喜欢把自己的情事私密公开化，这一点跟郁达夫有得一拼，郁达夫把《毁家诗纪》拿出去发表，有人说这是抢绿帽子戴。但于郁的个性而言，他必然是会那么做的。

爱情如过眼云烟，爱情只存在于文字中。在经历了五六十年代的沉寂之后，70 年代的后期，无名氏突然时来运转了，因为另一个时代开始了，他也终于结束了装病蛰居的岁月。

1982 年，真的爱情又一次降临到无名氏的头上。就在我从《十月》杂志上看到无名氏的作品时，港台已经刮起了一股无名氏旋风。这一年他获准去香港探亲，在那里他收到了一名台湾女子的信，写信者叫马福美，公开地向他求爱。后来无名氏又去台湾探望兄长，并在台北定居了下来，于是便开始了他和马福美的忘年之恋。1985 年俩人结婚，是年，无名氏 68 岁，马福美 29 岁，也算是一树梨花压海棠。据说婚礼上，无名氏曾高呼“结婚万岁”，一时传为佳话。但是好景不长，围城之内很快就是吵骂不断。这时我们才发现梨花有梨花的活法，海棠有海棠的习性，两者结合在一起，摆起甫士来倒是一景，但真要油盐酱醋茶，又是何其难也——这也是所谓诗人作家难食人间烟火的一种常态吧。很显然无名氏又想过“单身生活”了，他悄悄地来了个胜利大逃亡，偷偷地从家里面一箱一箱子地把东西搬出去，这些东西中包括一些书画等。

光环褪去了。然而妻子为什么还要不依不饶呢？即使在无名氏死后，还要到处张罗出版她的《单独的新娘》，并且声明放弃对无名氏遗产的继承权，这看来不会是为了钱而是为了名或者说为了出一口气吧。无名氏生前曾责怪妻子把他几十万美元的稿费拿去做生意，但最后却什么都做不好。而在马福美的笔下，丈夫甚至不愿意妻子外出去参加社交活动，晚上回来晚了他都不肯开门。而且在马福美的书中，还专门附了无名氏给杭州一位地下恋人的十来次电话的录音光盘……夫妻间的是是非非，那种翻脸之后的恶语相伤，其实是没什么可说的，这是言情世相小说的素材，而无名氏的文字似乎已经超越了这一点。

无名氏的部分作品

《北极风情画》书影

但是有一可以肯定，无名氏一生都在恋爱，他在 27 岁时，就已经写出了《北极风情画》和《塔里的女人》。而在他八十高龄时，他曾经与山东的一名在校大学女生通信过很长一段时间，两人曾以兄妹相称。无名氏还给这女生寄过钱，每次寄都是 100 美元，只是说因为无名氏的信中用语过于大胆火爆，后来这个女生把他的信给烧了。后来无名氏把他的部分书信也整理发表了。这女生现在早过了而立之年，据说也尚未婚嫁。



黄昏恋就是初恋似的，不怪乎诗人一生都在恋爱。更为稀罕的是，我们现在读无名氏各个时期的文字，特别是他晚年的文字，觉得他 80 岁写的文字跟二三十岁时写的文字没有什么区别，除了经常提醒自己已经垂垂老矣之外，他的抒情还是一如既往地汹涌澎湃。所以我以为读他的小说，最好是青春期去读，人到中年之后，他的文字就很难再看进去了。他的那种华丽恣意，他的浪漫气质，我不敢说空前，但似乎是绝后的了。比如他写过一文，曾经谈到 200 年后杭州的生活。当时无名氏曾往返于海峡两岸，跟各地出版社谈出版事宜，而且他都已经打算在杭州买房定居了，因为他觉得杭州这个地方相对比较安静，适合他的写作生活。在他的想象中，200 年后的杭州一半都是花园，人都住在半空中的房子里，人们都过着一种带着电子芯片的生活……

这位一生都在恋爱的作家，与马福美结婚时除了高喊“结婚万岁”外，还曾当场赋诗——她是一条船，悠悠驶入我的港湾；这一刻，宇宙像一朵玫瑰，静静在我心园里开放；这一刹，幸福像一道闪电，悄悄亮在我身边……这至少是席慕蓉的水平吧。无名氏喜欢用“宇宙”一词，他写的爱情故事乍看之下带有浓重的言情色彩，如鸳鸯蝴蝶派一路的风格，然而他又确实不是鸳鸯蝴蝶派。深究他的整体风格和追求，那是有着浓重的思想家般的追寻和探索的，他的260万字的《无名书》就是在探索他的宇宙观，只是笔者也没完全能读完他的书，因为实在是读不下去的。他特立独行又自视甚高，在他看来，中国现代文学史和当代文学史，没有人能超过他的了。夏志清教授说“《无名书》是毛泽东时代单一作家完成的最辉煌的作品”，更有学者说这是新文学诞生以来最伟大的小说，也有说他的《无名书》可与但丁的《神曲》和歌德的《浮士德》媲美……如果真是这样，那么他的作品看不下去是有道理了，因为我现在也还看不懂《浮士德》。

历史自会评说。不过有一点可以肯定，和同时代的作家相比，他不拿国家一分钱，不管在什么时代和环境里，他都坚持写作，包括他曾在杭州的尼姑庵里苦行写作。1949年到1982年，他也曾在杭州坐牢和下放劳动，但都不放弃写作——从这一点上来说，无名氏比起那些体制内的作家要独立多了。据说他写《无名书》用了15年的时间，其书稿也曾被抄家抄去过，但后来竟然奇迹般地被发还回来了。他当时曾经恳求来抄家的人，不要把那些“废纸”拿走，因为他是要用来发煤球炉子的。这些“废纸”就是他数十年如一日写作的心血，然后又是不间断地偷偷寄给香港的兄长，据说曾经用过十几个不同的地址。如是这般，他的260万字的《无名书》才得以陆续出版。

直到1981年，他被浙江省文史馆聘为馆员，每月工资60元，但他还是不愿无功受禄。因为其兄弟等在港台，他自然也成了统战对象，当有关方面负责人找他谈话时，他有过六点意见，第一他坚信自由创作；第二他认为过去并未且从未犯过错误；第三他不想做国家干部；第四他也不想拿政府的钱……

所以无论从哪方面来看，无名氏都是一个奇人。1949年后他自己没有经济收入，但是他不愿为五斗米折腰，有教幼儿园的妻子时，他用妻子的工资，然后他就靠海外兄弟的接济。虽然我们无法知道他的生活境况，但从他留下的文字中，家里仅一桌一凳一煤球炉子来看，生活还是如当时的普通居民般清贫的，但是在清贫的生活中，他保持着清洁的精神。

倒是后来，在他海外拿的稿费越来越多时，他的精神可能起了质的变化。至少他对钱的态度，发生了质的变化。

无名氏去世后，人们对这位一生都在恋爱的作家褒贬不一，包括他的好朋友也说他人生有三大悲剧的因子，一是好名，二是好利，三是好色，这似乎讲得都有道理，包括他为稿费的事情，后来都跟兄长反目；而针对龙应台等人对他作品的不佳评论他是暴跳如雷。但是你仔细想想，我们普通的凡人能逃脱好名好利和好色这三项吗，而诗人作家更是在名利场中滚打的人，又岂能免乎？至少无名氏身上，他对名和利，对色的追求从来就没有放弃和掩饰过。当然，他的大半生都是落魄的，一代情圣的晚年有过幸福但也有过悲哀，只是他还没有来得及考虑自己的后事，就突然离世了。在他生命的最后几天，他还在忙于跟各剧组联系，洽谈影视改编等事。其实早在几十年前，他的《北极风情画》和《塔里的女人》就都被搬上过银幕，只是现在很难找到这些片子了，或许以后会在碟市上找到 DVD 的版本。

诗人一生都在恋爱，换句话说，可能诗人一生都没有长大，他的一生都是青春期——这是我对无名氏的最直观的印象。至于他的作品，既是他本人的罗曼史，又是人类罗曼史的一个章节吧。至于说人一宽脸就变，忍得住寂寞又忍不住荣华，在什么地方说什么话，或者说说话不算数，这大概也都是文人的毛病吧。环境宽松了，也就不当一回事情了；如果什么都拔高来看，那么无名氏盖棺也未必能安耽的。

而且一生都在恋爱，跟一生都在创作，其中肯定有着必然的关系。好多评论者说，中国作家的成名作一般也都是处女作，一般作家过了 30 岁之后就难出好作品了，且不要说到六七十岁还创作长篇小说的，评论者也说到了体制等问题。但是我想，这跟一个作家体内荷尔蒙是否有关呢？一生都在恋爱，说明其荷尔蒙的活跃和蓬勃，反之只靠写写回忆录和工作报告那是不需要激情的。创作是需要欲望需要动力的，恋爱就是其中的一大动力。所以一生都在恋爱的人，也等于说一生都在创作，无名氏就是这样一个作家，这样一个男人。

在汉奸悖时的当口，张爱玲嫁给一个地地道道的汉奸；在资本主义的国度，她嫁给了一个曾经的共产主义信徒。实际上，她的两次婚姻，都只是嫁给了两个文人，而且汉奸在任何时代都是不齿于人类的，至于说信仰之类的，于人家老外可能并不是终身制的。所以我的结论是：文人不可靠，一个女文人嫁一个男文人，尤为不可靠；而老男人则更不可靠，虽然老男人很可爱，但是你得准备好，他会随时抽身而去。



# 色，戒：老男人不可靠



张爱玲的《色，戒》讲的是这么一个故事——

一个叫王佳芝的女子费尽工夫，获得了易先生的信任，他们在麻将桌上眉来眼去的，终于将男人引入了一家珠宝店，预备在那里由同伴来执行暗杀的任务。在王小姐佯挑戒指的时候，她突然发现自己竟然爱上眼前的这个男人了，于是她动了救他之心，一声“快走”使易先生脱离了险境，最后王小姐和她的同伴皆因这次任务的失败而丢了性命，而易先生并不因为王小姐救了他的命而动任何恻隐之心。

然而王小姐却并不后悔，她觉得易先生这样的男人才是值得爱的。

这是一个女间谍行刺的故事。

有人说，小说中的易先生有着胡兰成的影子。

因为李安拍了这个电影，也有所谓情色的镜头，一时又成为话题，张爱玲热似乎又重新升温。

张爱玲一生嫁了两个男人，第一次嫁给大她 13 岁的胡兰成，时年她 24 岁；第二次嫁给一个美国人叫赖雅的，大她 29 岁，时年她 36 岁。两次婚姻皆经营得不甚成功。第一次是嫁了个不该嫁的人，第二次呢，老天又偏

张爱玲最经典的一张照片

偏不长眼睛。

胡兰成是有名的汉奸文人，这已经早有定论。这个定论意味着他在政治上是不行的，虽然他在文字上是有才华的，但在中国，政治要高于一切，或者说民族是高于一切的。在中国你什么都可以做，但是不能做汉奸，汉奸就是不齿于人类的狗屎。在中国，在日伪时期，凡那些有名的文化汉奸，在文才上倒都是一流乃至超一流的，但在骨气上，在对时局的判断和抉择上为何逆历史潮流而动，这倒是个研究的课题。

而这个胡兰成，不仅是个汉奸，而且还是个花花公子，与张爱玲恋爱时，他属于婚外恋，后来他与妻子离婚，妻子明智地把位子让给了张爱玲。当时他们的结婚仅一张婚纸而已，张爱玲写下了"签订终身，结为夫妇"八个字，胡兰成添上了"愿使岁月静好，现世安稳"。而事实上，岁月无静好，现世不安稳，汉奸文人很快就东躲西闪的。两人分手之后，张爱玲还在等待还在寻找，但是她终于发现胡兰成处处留情，情人不止一个，于是这段婚姻便在战乱中结束了。后来，张爱玲不愿再提胡这个名字，这是一块伤疤，伤到最深处。

生命是一袭华美的袍，爬满了虱子。张爱玲在 17 岁时就写出了这样的句子，但是她要等到 10 年之后，才看清楚虱子到底是长什么样子的。1949 年之后的上海，张爱玲大概在静观其变，但她还是明智地选择了离开。因为那是一个辞旧迎新的时代，张爱玲无疑是属于旧上海的。

1952 年，张爱玲去香港。1955 年她选择去美国讨生活了，在那里她没有看到虱子，却遇到了一个后来改变了她生活轨迹的美国老人，地点是在美国的新罕布什尔州的麦克道威尔文艺营。

张爱玲刚去美国不久，生活无着落，当时美国没有张的粉丝，人家老

胡兰成

张爱玲和赖雅





外一点也不知或不认张的名气，像后来陈冲们刚开始洋插队时的心理落差是一样的。张虽然没有去洗盘子，但一开始，包括后面结婚之后的生活，都是居无定所，连公寓房子都租不起。好在那里还有文艺营，这相当于我们中国的“创作之家”或“创作基地”。我们虽然有作家协会，也挂了不少的牌子，但是否真能资助需要资助的作家，这话似乎还很难说。经过朋友的帮助，张爱玲在1956年2月13日向该文艺营递交了申请表，她的申请书是这样写的——除了写作所得之外，我别无其他收入来源。目前的经济压力逼使我向文艺营请免栖身，俾能让我完成已经动手在写的小说。我不揣冒昧，要求从3月13日到6月30日期间允许我居住在文艺营，希望在冬季结束的5月15日之前继续留在贵营。

一个月之后，张爱玲如愿地住进了该文艺营。这个文艺营已经创办半个世纪了，相当于一个文艺沙龙，免费为作家提供食宿，每个作家都有自己的工作室和私人空间，文艺营每天都有酒会，也为作家们的交流提供机会。对于张爱玲这样高傲的人来说，这虽然无异于寄人篱下，但在当时，却是她最好的选择了，而且更为重要的是，她在这里遇到了改变她后半生命运的美国人赖雅——这张脸好像写得很好的第一章，使人想看下去——张爱玲后来如是说。

一个是小说家，一个是剧作家，他们都很清楚那样一种相遇会是什么结果。当两个陌生人的两只酒杯相碰之时，两个人也许都已经预知将会发生一些什么，但是我们仍然有必要简单地介绍一下这个叫赖雅的美国人。从今天以及当时的角度来看，这是一个二流的剧作家，虽然是布莱希特等超一流作家的朋友，但他更多的是替一流作家们写初稿。他在认识张爱玲之前，享尽荣华富贵，有钱就挥霍，可以说是典型的美国人。他还有过一

《南北一家亲》海报

《太太万岁》剧照

次婚史，有一个女儿，妻子曾经是著名的女权主义者。他在和张爱玲相遇时，已经 65 岁了，穷得连自己的家都没有，有钱时就住公寓房，没钱时就到处漂泊住文艺营等免费的居所，只是他当时看上去还比较健康，几个月后张爱玲怀孕的事实也可以证明他很健康。然而他可能向张爱玲隐瞒了一个事实，即他曾经小中风过，不过很快就好了——这样一种“隐瞒”，是后来张迷们，包括张的研究者们所不能容忍的。是的，我们在感情上似乎不愿接受一个中国的超一流作家，且在她风华正茂的年龄里嫁给了一个大她 29 岁的美国人，关键是这个美国人还没有钱，比张爱玲还要没有钱，他在当时曾经信仰过共产主义的理论。要知道美国是一个资本主义为主旋律的国家，所以赖雅在美国，可以说是一个另类。

而从另一角度讲，胡兰成在中国，也是一个另类，或者说是政治上的败类。

然而一个另类，不代表他没有人缘和很高的情商，张爱玲很快就坠入情网，并且跟他开始了同居生活。在一种肌肤相亲中，更有着一种文化的、智慧的碰撞，这是张爱玲最为看重的吧，包括她的前一次婚姻，她是明知胡兰成是汉奸却还要跟他结婚，这只能说恋爱中的女人都是十分盲目的，不管她是女佣还是作家。而且应该承认，对于初来乍到美国的张爱玲来说，这个美国男人就是一个很好的导游，张爱玲对这个世界充满了兴趣。至少她是相信这是个自由的世界，但为自由，她得付出她的自由。我们现在想想当年的那些美女才女们，还是会发出一种感慨的。比如在 1952 年，张爱玲离开上海去了香港，而此前周璇们则回到了上海，这些人的命运，最妙的小说最好的电影，也很难表现啊！

两个月之后，这个美国人离开了麦克道威尔文艺营，他得去其他的文

《情场如战场》海报

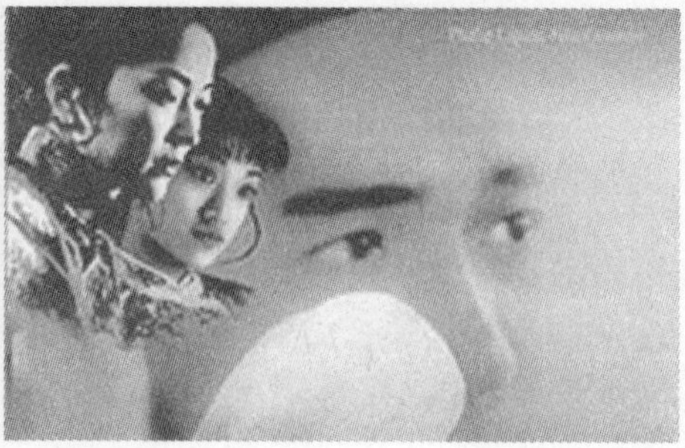

《海上花》海报

艺营生活了。分别之时，我注意到传记作家笔下的一个细节，张爱玲给了赖雅钱——这个细节为什么打动我，因为我觉得当时可能没有比钱更能表现出张爱玲对赖雅的情意了。在两个作家之间，有的时候钱反而是最好的语言了，而且后来，也就是他们结婚和老头生病之时，也基本是张爱玲在赚钱养着这个曾经信奉共产主义的美国作家，包括张爱玲在香港写电影剧本等，都是为了养家糊口。而赖雅的固定收入，只是每个月50美元的救济金，这个钱在当时还不够一个月的公寓房的租费，其他还有一点版税，但也极为可怜。因为我前面说过，他不是一流作家，而且当时也已经是过了气的二流作家了，他又没有存钱的习惯，所以至老还没有一个家。

文化和价值观的差异是如此之大，张得去适应啊。分手后两个人就开始通信，这是作家的强项。在信中，张爱玲告诉这个美国人，自己已经怀孕了。

我不算一个张迷，所以不知道张和爱玲在胡兰成的三年婚姻中是否有过怀孕？

美国人当时的反应是两点，第一是娶她，第二是要她打掉孩子。好在张爱玲也不喜欢孩子，所以后来事情的发展就完全是按着赖雅的方向发展，张爱玲没有孩子，两个人结婚，然后还是东奔西走的，只是两人现在是要一起申请各种文艺营了。张爱玲在美国的出版也不是很顺，可以说是一直不顺，直到上世纪八九十年代，台湾和香港的出版社才陆续出版张爱玲的不少旧作。而当时在美国，张爱玲依然在为生计而奔波。这个任性的女子，一直在为任性支付着生命的代价。

当然，容我以小人之心度君子之腹。我们承认两个人结婚完全是冲着爱情而去的，但是人不得不面对现实啊。张爱玲的结婚难道就没有一点理

《倾城之恋》海报

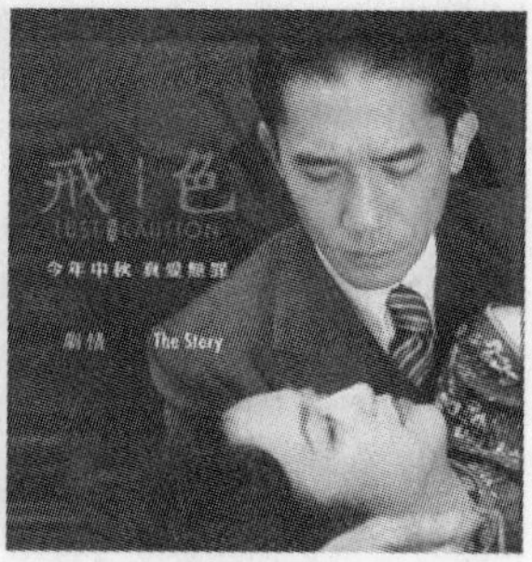


《色，戒》海报

智的成分？我想也不是完全没有，比如说他们两人都不要孩子，这一点就显得很现实。张爱玲在几年后获得了定居权，且成为了美国公民——而这也必须有婚姻才可能带来的。这也是好多今天在海外的中国女子，选择老外结婚的一个原因吧，即为了绿卡，以此为题材的影视作品已经不少了。

从 3 月的相遇到 8 月的结婚，这一速度在中国也堪称闪电。一个 36 岁，一个 65 岁，如果后者健康后生，那倒也还没有什么，只是在结婚的两个月之后，老公就小中风了。虽然很快就好了，但就此埋下的隐疾，在以后的日子里日渐显露出来，且生活的重担逐渐开始压在张爱玲的肩上。这位当年的贵族小姐，不得不为生计为治老公的病而开始卖文为生了。实际上她到美国之后一直没有打开作品的市场，所以后来就在好友的帮助之下，为香港写剧本。赚香港的钱到美国来用，这显然也是够呛的。何况那个时候的香港，经济还没有起飞，所以稿酬也不高，不过由此我们也可以观察到一个名作家在 40 年代之后的写作状态，比如像老舍，解放后也是笔耕不辍，算是中国作家中的一个异数，虽然有平庸之作，但仍有精品问世。而张爱玲呢，在另一个国度，却成了商业写作机器上的一环，没有迎来她创作的第二个高峰。当时她的梦想是打入好莱坞，成为那里的金牌编剧，可惜，就是凭她这样的才华，她也还是没有达到。今天我们在碟市上能够看到她为香港写的《南北一家亲》等电影，也还不错，但是我以为还是不能够跟在上海时期为桑弧所写的《太太万岁》相提并论。张爱玲走上文学之路，也是从写影评开始的，且她的小说也是极容易被改成电影的，李安的《色，戒》即是最新的一例。

说起张爱玲的电影剧本创作，这可是她的拿手好戏。她在 17 岁那年走上文坛，就是以一篇影评的方式，影评的题目是《试论卡通片的未来》。后

《不了情》剧照

《不了情》DVD

来，电影剧本成了她的饭碗。现在市面上能看到《不了情》、《太太万岁》和《南北一家亲》的影碟，这些都是张爱玲的代表作品。其中《不了情》是她的电影剧本的成名作，之后又写出了具有喜剧风格的《太太万岁》，这两部片子都是跟导演桑弧合作的。后来张爱玲又写出了第三部剧本《金锁记》，但最后不知为何没有拍摄。我看到有文章说，桑弧曾经伤过张爱玲的心，但是又语焉不详，不知是因剧本之事还是其他，这便不好作猜测了。解放之后，主管上海文化工作的夏衍希望张爱玲到上海电影剧本创作所工作，当时只是说同志们的意见还不统一，还要等等，不过夏衍还是邀她参加了上海的第一届文代会。后来张还是去了香港，现在看来，张爱玲的这个选择，还算是比较明智的。

张爱玲在美国写电影剧本，那是由香港电懋公司的宋淇先生牵的线，宋先生及妻子，是张离开内地后唯一跟她有较深交往的华人作家。宋淇本人就是编剧和电影制作人，他写过不少剧本，其中《南北和》就是他的代表作。而他请张爱玲写作《南北一家亲》，就是《南北和》的续集，当时剧本拍摄之后获得相当大的成功，张爱玲陆续为电懋公司写作了包括《红楼梦》在内的数个电影剧本，可是天有不测之风云，电懋老板陆运涛因飞机失事之后，公司重组，张爱玲写作的剧本没有再投入拍摄，于是这一段触电的生活也告了一个段落。

张爱玲的剧本和她的小说一样，非常平民化，且有着一种商业运作的模式在。如果说她的小说更多的是她的才气，那么她的剧本更多的是商业的元素，这是两种不同的写作模式，这一点张爱玲自己很清楚。其实就她的小说来说，她也还是最大限度地满足了读者的需求，就其血脉和根底来说，仍然是大众的通俗的，只是在她的大众的外壳下，包含着贵族的内核。

《红玫瑰与白玫瑰》海报

《半生缘》海报

我们要注意，作为一个职业写作者，张爱玲的确是除了写作就没有其他的收入了。而老公的身体也在每况愈下，老公曾经希望她写一个以张学良为题材的电影剧本，后来这个事情也不了了之。张爱玲后来的写作，除了电影剧本之外，主要以改编自己以前的作品为主，影响不是太大。

从张爱玲的经历来看，当她跟某一个男人的命运紧密相连时，她的生活就会七颠八倒了。但是那一段生活，也许是除了钱不够之外，其他的仍然是丰富的。因为在赖雅身上，至少有着那种老男人的儒雅和洋派，而张爱玲也仍然按照自己的兴趣过着日子，低调而任性，比如说，她就喜欢看美国的电影，和老公一起看电影并谈论电影，这是他们幸福的话题之一。张还喜欢逛街购物，甚至她还有个人的癖好，喜欢看女人的脱衣舞表演，她在那里看到了跟东方女人完全不一的那样一种情境。作家都有好奇心，也都有怪癖。

1967年，老作家赖雅走完了他的人生之路。这一年，张爱玲开始用英文翻译《海上花列传》。这一朵海上花，从此又孤独地在大洋彼岸静静地开放着，直到1995年，她生命的终结。

很想把这一页翻过去，因为张爱玲和她的文字，也都是另一个时代的，只是“色，戒”这两个字，却是穿越时空的，所以我们怎么翻，也还是翻不过去。正如另一个姓张的小说家张恨水，我们对他又了解多少呢？

曾有评论说，在汉奸悖时的当口，张爱玲嫁给一个地地道道的汉奸；在资本主义的国度，她嫁给了一个曾经的共产主义信徒。实际上，她的两次婚姻，都只是嫁给了两个文人，至于说信仰之类的，于人家老外可能并不是终身制的。所以我的结论是：文人不可靠，一个女文人嫁一个男文人，尤为不可靠；而老男人则更不可靠，虽然老男人很可爱，但是你得准备好，他会随时抽身而去。

老男人不可靠，老文人则更不可靠，因为他们还会翻云覆雨言而无信，特别是在政治占主导地位的时候。从这一点上来说，张爱玲还是幸运的，她走出了胡兰成的阴影，跟赖雅的结合虽然有着文化上的差异，但所幸的是，这个老男人还算是一个单纯的人。

有人总说张爱玲的晚年是孤寂的，那只是生命呈现出来的形态而已。而就一个作家的心态来说，即使儿孙满堂，她的内心难道就不孤寂了吗？

像一阵纸，像一缕风，像燃尽的沉香屑。

在这里让我用张爱玲关于西湖的一段文字来结束本文吧——

西湖在过去的一千年来，一直是名士美人流连之所，重重叠叠的回忆太多了。游湖的女人即使穿的是最新式的服装，映在那湖光山色上，也有一种时空不谐调的突兀之感，仿佛是属于另一个时代的。

那么张爱玲就是属于另一个时代的。

# 春花秋月何时了（代后记）

阅读量的骤减是不是跟年龄和惰性有关呢？对于这种无奈的事情，我希望能够强打精神去读一些文字，虽然已经不信书中自有黄金屋了，但是你总不能一天到晚在电脑面前阅读浏览和聊天吧。恰好，这几年我生活着的杭州正在进行着一场关于生活品质之城的讨论及推广。我发现我们的很多记忆正在失去，正如老房子已经越来越少一样，或者说我们的文化生态正在被无情地践踏。如果说要想修复生态，那么首先要寻找记忆，或者说你得去情景重现。虽然这是一个不太高明的做法，但是在那个时代那个社会，文人也就是在那样一种大的生态环境里生存，他们风花雪月他们歌呼嚎叫他们我以我血荐轩辕……

自恋的背后可能就是自怨自艾，通过写他人来释放自己，这大概是可以解释的一个理由吧。但是文人那么多，可写的也不少，我想我得确定一个坐标系一个标准。我开始写出生在杭州或者曾经生活在杭州的这一批文人墨客。也许是看了一些闲书，翻了几页他们的日记，还有一些他们的作品他们的传记；或者说我有一点点的感叹吧——这种感叹自省起来，我想大概还是一种中年情结吧。李安的中年情结可以在《色，戒》中加进一些情色的元素，但是我的中年情结只能在文字中多了一些无可奈何花落去的伤逝。

当然还有一个我以为蛮重要的坐标，即时间的坐标。如果以 1911 年为一个历史的开端，那么到今天也快一百年了，就写这 100 年跟杭州有关的文人，跟爱情婚姻有关的事情——这就算是一种逼自己干活的理由吧。你想想 100

年后，我们都到哪里去了，所以趁现在还能敲键盘，就敲出一些什么来吧。毕竟不是唐诗宋词的时代了，所以要允许废话的存在，就像允许汽车排放废气一样。然而我又摆脱不了苏小小、苏东坡和李渔等人对我的诱惑，那样一种风花雪月的场景，我们需要的可能不只是重现和模仿，而是抱着默默的敬意。

很多事情就是这样，一旦深入便难以自拔，你发现其实诱惑蛮大的。这种诱惑不仅仅是这些文人的人生经历，更重要的是你没法获得具体的细节，因此你也无法获得真实。真实就像一个黑洞，你一旦被吸引进去，似乎很难再回头了。而我们现在能找得到的文字以及图像是唯一的来源，那么这很有可能会以讹传讹——一个作者尽量要避免做这种蠢事，甚至要警惕，所谓信息爆炸时代很可能就是垃圾泛滥的时代。所以在史料和想象之间，我得有一个把握的度，而且又要把兴趣进行到底，从一篇文章发展到一本书，这个过程有点意犹未尽但现在只能是戛然而止了。





所以我要感谢一些人——《燕赵都市报》的蔡晓辉主任和编辑宋燕小姐，她们给我提供了一个专栏的平台，而且每期还登我一张大头照，虽然戴着个墨镜，但总是要面对读者不敢有丝毫的懈怠。我知道有的文章对于报纸的专栏太长，但蔡主任和宋燕还是宽容了我的长文，并将之分解成上中下篇的形式来发表，我本身也是媒体人，知道现在做报纸做副刊的不易，我现在每期收到样报，都有点猴急地拆开来看，不是看我的尊容，而是看他们策划的文化专题，所以听说这个报纸的发行量即使放在世界范围看也是值得一说的，为此我也竟然有点替他们也莫名地替自己骄傲了。

还要感谢杭州的一本叫《生活品质》的杂志，虽然扩容时间不长，但也在努力挖掘杭州的人文元素，并且也把我的文字开辟成了专栏，这主要是给杭州本地读者看的，我更是小心谨慎，不敢大意。同时这个杂志的编辑及他们的领导和同事，还有我熟悉的一些朋友，正是热心策划有关杭州生活品质之城的精英团队，在与他们一起闲谈的时间里，我也获益匪浅。我觉得很多事情，大概是需要文人闲人和官人商人一起来做才能做好的。

还要感谢我的一些朋友，特别是资深策划人李楠先生，在我刚写两三篇专栏之时，他就开始吆喝我的这本尚未成型的书，正是他的督促和努力，才使我写完了这十几万字，并且终于能跟大家见面了。

最后我要感谢南方日报出版社。每当听到“南方报业”这四个字，我就会想到专业、敬业和前卫等字眼。当我听说我的责任编辑周山丹小姐还是我的同乡时，我觉得这一本书可能微不足道，但是在做一本书的过程中，能认识一些朋友，那很可能就是一生的幸事了。

谨把此书献给我所写的这些主人公，虽然他们的背影渐渐远去，但他们的文字他们的精神和他们的那个时代的那种气场一直笼罩着我，成为我的一种精神滋养，也成为我的某种白日梦。